KB123477

시와 노래로
배우는
러시아어

시와 노래로 배우는 러시아어

이영범 지음

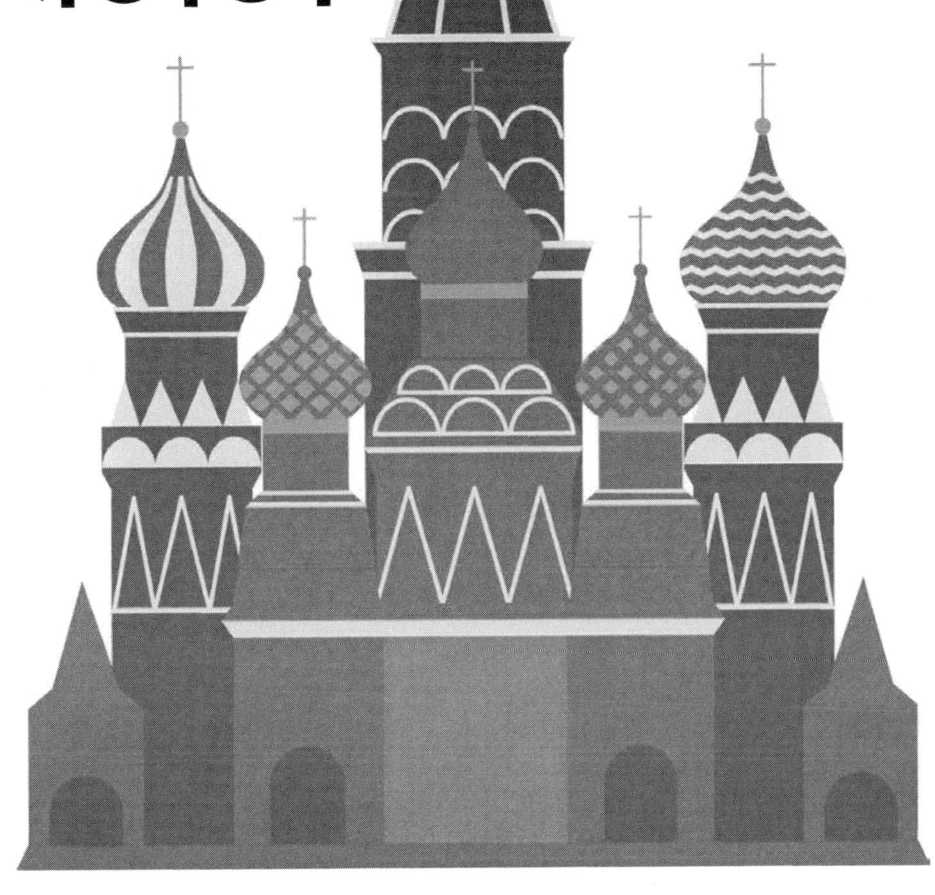

보고사
BOGOSA

책머리에

이 책은 처음으로 러시아어를 배우는 학습자를 대상으로 기획되었다. 따라서 학습자는 맨 처음에 러시아어 알파벳을 쓰는 법을 익힌 후, 러시아어 강세(역점, 우다레니에)와 억양 등 발음과 관련된 아주 간단한 기초 문법 및 러시아 노래와 시로 러시아어를 공부하게 될 것이다.

이 책의 특징은 일상 생활에서 자주 사용하는 말들을 중심으로 텍스트가 구성되었고, 특히 발음 중심의 읽기와 말하기를 집중적으로 배울 수 있도록 구성되었다는 점이다. 또한, 부록에 기초 러시아어 문법을 스스로 공부할 수 있도록 문법 설명이 자세히 돼 있다는 점이다. 아울러 처음으로 러시아어를 배우는 학습자가 흥미롭게 공부할 수 있도록 러시아 노래와 시로 러시아어를 재미있게 배우도록 구성이 돼 있다는 점이다.

저자는 그동안 기초 러시아어를 강의하면서 많은 문제를 접하였다. 그 중에서도 특히 어려운 문제는 문법에 대해 충분히 설명할 수업 시간이 부족하다는 점이었다. 그래서 어떤 경우에는 여유를 가지고 학생들이 이해하기 쉽도록 천천히 가르치기가 어려웠다. 이런 문제를 해결하기 위해 고민한 결과 내린 결론은 교재의 부록에다 기초 문법에 대해 가능한 한 자세히 설명하는 방법을 도입하는 것이었다. 이를 통해 교수가 수업 진도를 맞추기 위해 서두르지 않고, 즉 시간적 여유를 가지고 차근차근 학생들과 호흡하면서 더 활기찬 수업을 할 수 있다. 이처럼 이 교재는 새로운 교수 학습 방법을 도입해 특별히 만들어진 것이다. 학습자는 이 교재를 통해 러시아어 공부에 더 적극적으로 참여할 수 있고, 예습과 복습을 자기 주도적으로 학습할 수 있다. 말하자면 학생들뿐만 아니라, 일반인들도 이 책으로 스스로 기초 러시아어 공부를 쉽게 할 수 있다. 왜냐하면 학습자가 이 책의 거의 모든 러시아 문장을 한글로 쉽게 발음할 수 있도록 꾸며졌기 때문이다. 특히 기초 러시아 문법을 요약해 정리한 부록이 학습에 도움이 되기 때문이다.

아무쪼록 본 교재를 사용하여 러시아어를 배운 모든 학습자가 한 학기 과정을 마친 후 러시아어 발음과 회화 및 기초 문법, 그리고 러시아 노래와 시 등에 대한 지식을 획득함으로써 보람과 기쁨을 느끼길 바란다. 아울러 러시아어 학습에 대한 자신감이 생기고, 러시아어에 대한 흥미와 관심이 더욱 커지며, 더 깊이 공부할 마음이 조금이나마 생기길 기대한다.

끝으로 이 교재를 출판해 주신 보고사의 김흥국 사장님과 섬세한 손길로 책을 잘 만들어 주신 이순민 편집자님께 깊이 감사를 드린다.

2023년 2월

이영범 교수

차 례

Урóк 1(제1과)

Рýсский алфавúт
러시아어 알파벳

1. 러시아어 알파벳 '키릴 문자'의 창조와 변천

러시아어 알파벳이 언제 누구에 의해 왜 만들어졌으며, 어떻게 바뀌어 왔는지 등에 대해 알아보자.

863년에 그리스 성직자인 콘스탄틴과 메포지(Константúн и Мефóдий 깐쓰딴찌-인 이 미포-지이)가 그리스어 성경을 모라비아(현재 슬로바키아)인들이 읽을 수 있도록 최초의 슬라브어 알파벳(문자)을 만들었다. (참고로 슬라브어는 동슬라브어, 서슬라브어, 남슬라브어로 구성되는데, 러시아어는 동슬라브어에 속함. 그리고 러시아와 우크라이나, 그리고 벨로루시가 동슬라브어를 사용함.)

최초로 만들어진 슬라브어 알파벳을 '글라골리차 глагóлица 글라고-올리짜', 즉 '글라골 문자'라 한다. 이 알파벳을 만든 그리스 성직자 콘스탄틴이 869년에 사망하자, 로마 교황이 그에게 '키릴 Кирúлл 끼리-일'이라는 성자의 이름을 부여한다.

그 후 10세기경에 콘스탄틴(즉, 키릴)과 메포지의 제자들이 그리스 문자를 기초로 해 새로운 알파벳을 만든다. 바로 이 알파벳이 현재 우리가 배우는 러시아어 알파벳인 '키릴리차'(Кирúллца 끼라-일리짜), 즉 '키릴 문자'다.

당시 슬라브족의 교회 성직자와 상류층 지식인들이 이 알파벳을 사용했다. 이 '고대 교회 슬라브어' 알파벳을 기초로 해서 11세기부터 민중이 사용하는 '고대 러시아어'가 점차 발달하기 시작한다.

18세기 초에 '서구화의 기수'로 불리는 표트르대제(피터 1세)에 의해 알파벳이 개혁되는데, 이 개혁된 알파벳을 '시민문자'라고 한다.

이어서 18세기 중엽에 다시 알파벳 개혁이 이루어지고, 1917년 10월 혁명 시기에 러시아어 알파벳이 마지막으로 개혁된다. 그 결과 현대 러시아인이 사용하는 알파벳이 최종적으로 확정된 것이다.

러시아어 알파벳은 자음 21개, 모음 10개, 그리고 부호 2개, 총 33개 문자다.

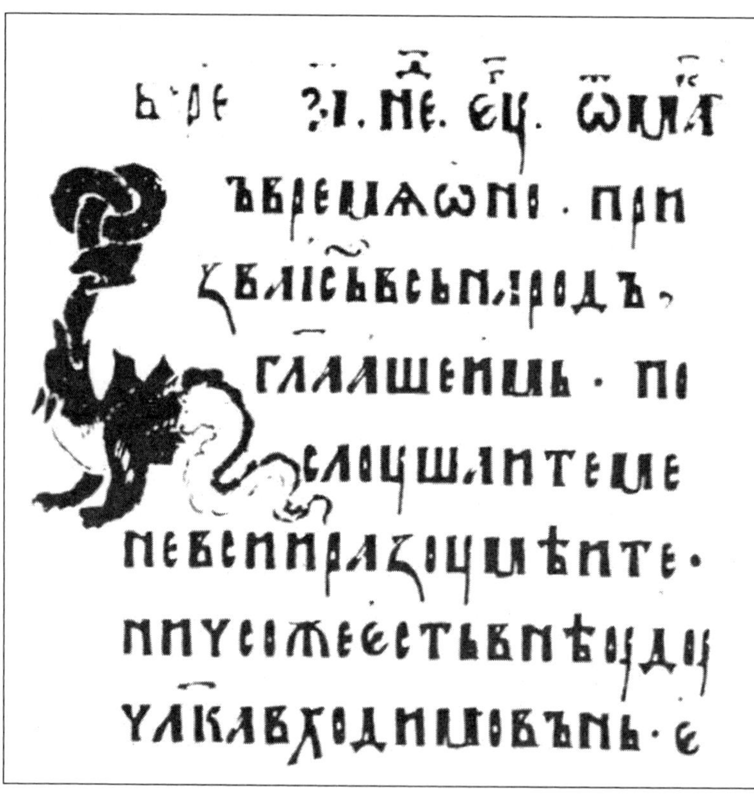

10세기 경에 만들어진 키릴 문자

철자의 순서	활자체		필기체		철자의 명칭	발음
	(대문자)	(소문자)	(대문자)	(소문자)		(국제 음성 부호)
1	А	а	*А*	*а*	아	[a]
2	Б	б	*Б*	*б*	베	[b]
3	В	в	*В*	*в*	붸	[v]
4	Г	г	*Г*	*г*	게	[g]
5	Д	д	*Д*	*д*	데	[d]
6	Е	е	*Е*	*е*	예	[je]
7	Ё	ё	*Ё*	*ё*	요	[jo]
8	Ж	ж	*Ж*	*ж*	줴	[ʒ]
9	З	з	*З*	*з*	제	[z]
10	И	и	*И*	*и*	이	[i]
11	Й	й	*Й*	*й*	이 끄라뜨꼬에 (짧은 이)	[j]
12	К	к	*К*	*к*	까	[k]
13	Л	л	*Л*	*л*	엘	[l]
14	М	м	*М*	*м*	엠	[m]
15	Н	н	*Н*	*н*	엔	[n]
16	О	о	*О*	*о*	오	[o]
17	П	п	*П*	*п*	뻬	[p]

철자의 순서	활자체		필기체		철자의 명칭	발음
	(대문자)	(소문자)	(대문자)	(소문자)		(국제 음성 부호)
18	Р	р	*Р*	*р*	에르	[r]
19	С	с	*С*	*с*	에쓰	[s]
20	Т	т	*Т*	*т*	떼	[t]
21	У	у	*У*	*у*	우	[u]
22	Ф	ф	*Ф*	*ф*	에프	[f]
23	Х	х	*Х*	*х*	하	[kh]
24	Ц	ц	*Ц*	*ц*	쩨	[ts]
25	Ч	ч	*Ч*	*ч*	췌	[ch]
26	Ш	ш	*Ш*	*ш*	샤	[sh]
27	Щ	щ	*Щ*	*щ*	쉬샤	[shch]
28	Ъ	ъ	*ъ*		뜨뵤르드이 즈낙	경음 부호
29	Ы	ы	*ы*		으이	[ɨ]
30	Ь	ь	*ь*		먀흐끼이 즈낙	연음 부호
31	Э	э	*Э*	*э*	에	[e]
32	Ю	ю	*Ю*	*ю*	유	[ju]
33	Я	я	*Я*	*я*	야	[ja]

2. 경음 부호와 연음 부호의 특징

1) 영어 알파벳에는 없는 2개의 부호(경음 부호 **ъ**와 연음 부호 **ь**)가 있다.
2) 경음 (표시) 부호는 그 앞에 위치하는 자음을 딱딱한 소리(경음)로 내게 하라는 부호다. 또한, 이 경음 부호는 단지 접두사 뒤에서만 쓰이며, 분리 기호 역할을 하기도 한다.
3) 연음 (표시) 부호는 그 앞에 위치하는 자음을 부드러운 소리, 즉 연음으로 내게 하라는 부호다.

3. 러시아인의 성명의 순서와 구조

러시아인의 성명은 '이름 + 부칭 + 성'으로 구성된다. 예를 들어, 유명한 러시아 낭만주의 시인이자 작가인 푸시킨의 성명은 '세르게이 알렉산드로비치 푸시킨 **Серге́й Алекса́ндрович Пу́шкин**[씨르계-이 알릭싸-안드라비치 뿌-쉬낀]이다. 푸시킨은 '성'에 해당한다. '아버지의 이름'을 뜻하는 '부칭'은 러시아어에만 존재하는 독특한 특징이다. 상대방에게 예의를 갖춰 부를 경우, 상대방의 이름과 부칭을 함께 부른다. 즉, 푸시킨에게 예의를 갖춰 부를 경우, 세르게이 알렉산드로비치 **Серге́й Алекса́ндрович**[씨르계-이 알릭싸-안드라비치]라고 부른다. 공식 석상에서는 세르게이 알렉산드로비치 푸시킨 **Серге́й Алекса́ндрович Пу́шкин**[씨르계-이 알릭싸-안드라비치 뿌-쉬낀]이라고 불러야 한다. 보통 친구들이나 친한 사이에는 '이름'만 부른다. 즉, 푸쉬킨의 경우, 세르게이 **Серге́й**[씨르계-이]라고 부른다. 참고로, 남성의 부칭은 아버지의 이름에 **–ович**[-오비치], **–евич**[–예비치], **–ич**[–이치] 등을 붙여서 만든다. 여성의 부칭은 마찬가지로 아버지의 이름에 **–овна**[-오브나], **–евна**[–예브나], **–иничина**[–이니치나], **–ичина**[–이치나] 등을 붙여서 만든다. 예를 들어, 앞에서 설명한 바와 같이 푸시킨의 부칭이 알렉산드로비치

Алекса́ндрович[알릭싸–안드라비치]이므로, 그의 아버지 이름이 알렉산드르 Алекса́ндр[알릭싸–안드르]임을 알 수 있다. 또한, 알렉산드르 Алекса́ндр[알릭싸–안드르]의 딸의 이름이 올가 Ольга[오–올리가]라고 한다면, 그녀의 부칭은 알렉산드로브나 Алекса́ндровна[알릭싸–안드라브나]가 된다.

이어서 사랑스럽게 불리어지는 이름을 '애칭'이라 한다. 이에 대해 알아보자. 푸시킨의 시 형식의 소설 『예브게니 오네긴 Евге́ний Оне́гин』[이브계–니이 아녜–긴]의 여주인공의 이름은 타티(치)야나 Татья́на[따찌야–나]이고, 그녀의 애칭은 타냐 Та́ня[따–냐]다. 러시아인들은 가족이나 친척, 또는 친구들 간에 '사랑스럽고 친근하게 부르는 이름', 즉 '애칭'을 많이 사용한다.

마지막으로 러시아 남성과 여성의 이름, 그리고 푸틴 대통령과 유명 작가들(푸시킨, 고골, 도스토옙스키, 톨스토이, 체호프 등)의 이름이 한글맞춤법상 표기와 러시아어에 가까운 표기 간의 차이에 대해서도 살펴보자. 예를 들어, 먼저 러시아어로 'Андрей'라고 쓰고, 그 옆에 '안드레이'라고 한글로 쓰고, 그 아래에는 [안드레–이]라고 표기하기로 한다. 이 책에서는 학생들이 가능한 한 정확히 발음하는 방법을 알고, 이를 반복적으로 익히도록 하기 위해서 강세(약점, 우다레니에)가 있는 모음을 '강하고 길게' 소리를 내도록 [ ]안에 '–'을 넣었다.

Урóк 2(제2과)

Рýсское произношéние
러시아어 발음

1. Рýсское произношéние 러시아어 발음
[루-쓰까에 쁘라이즈나쉐-니에]

러시아어의 발음은 영어 등에 비해 쉬운 편이다. 기본적으로 '1음 1문자' 원칙을 갖고 있다. 예외(경음 부호와 연음 부호 제외)가 있으나, 거의 모든 문자를 발음한다. 특히 영어 등에 비해 음절(모음)이 많아(10개) 배우기가 쉬운 편이다.

강세(역점)가 있는 모음은 없는 모음들에 비해 더 강하고 길게 발음하지만, 강세가 없는 모음은 더 약하고 짧게 발음한다.

러시아어의 명사와 대명사 및 형용사 등은 3가지 '성'(남성, 여성, 중성)과 단수와 복수의 '수', 그리고 6가지 '격'(주격, 생격(소유격), 여격, 대격(목적격), 조격, 전치격)이 있다. 이 각각의 '격'에 따라 '어미'의 형태(모양)가 달라진다. 동사도 주어의 인칭(1, 2, 3인칭)과 수(단수와 복수)에 따라 '어미'의 형태(모양)가 달라진다.

이처럼 러시아어 복잡한 문법은 러시아어를 처음으로 배우는 학습자에게 다소 어렵게 여겨질 수도 있다. 하지만 러시아어는 논리적인 규칙에 따라 어미의 형태가 변하는 매우 과학적인 특성이 있는 언어이기 때문에 문법의 원리를 이해하고, 꾸준히

배우고 익히며 사용하다 보면, 점점 더 쉬어진다는 사실을 깨닫게 된다.

이 교재는 주로 대화 중심의 기초 러시아어를 익히는 것을 목표로 삼는다. 동시에 기본적인 러시아어 대화 텍스트에 들어있는 기본적인 문법적 요소를 설명함으로써 생산적이고 효과적인 학습 효과를 거두는 데 목표를 두고 있다.

2. 모음 문자의 발음

러시아어의 모음은 10개(a, o, y, э, ы, и, я, ё, ю, e)이나, 실제로 소리가 나는 모음은 6개(a, o, y, э, ы, и)다.

10개의 모음 옆에 한글로 표기하면 다음과 같다.

a (아), o (오), y (우), э (에),
↕ ↕ ↕ ↕
я (야), ё (요), ю (유), e (예)

ы (으이), и (이)

즉, 4쌍의 단모음과 이에 대응하는 연모음 및 경모음 ы와 이에 대응하는 연모음 и가 있다

① а ㅏ ↔ я ㅑ

② о ㅗ ↔ ё ㅛ

③ у ㅜ ↔ ю ㅠ

④ э ㅔ ↔ е ㅖ

⑤ **경모음** ы ㅢ ↔ **연모음** и ㅣ

3. 자음 + 모음의 발음 연습

1) 자음 + 모음 а

ба 바, ва 바, фа 파, га 가, ка 까, да 다, та 따, за 자, са 싸, жа 좌(쟈), ша 솨(샤)

2) 자음 + 모음 о

бо 보, во 보, фо 포, го 고, ко 꼬, до 도, то 또, зо 조, со 쏘, жо 죠, шо 쇼

3) 자음 + 모음 у

бу 부, ву 부, фу 푸, гу 구, ку 꾸, ду 두, ту 뚜, зу 주, су 쑤, жу 쥬, шу 슈

4) 자음 + 모음 ы

бы 브이, вы 브이, фы 프이, гы 그이 (X), кы 끄이 (X), ды 드이, ты 뜨이, зы 즈이, сы 쓰이

5) 자음 + 모음 э

бэ 베, вэ 베, фэ 페, гэ 게, кэ 께, дэ 데, тэ 떼, зэ 제, сэ 쎄

4. 모음 + 자음의 발음 연습

1) 모음 + 자음 л

ал 알, ол 올, ул 울, ыл 으일, эл 엘

2) 자음 л + 모음 -

ла 라, ло 로, лу 루, лы 르이, лэ 레

3) 모음 + 자음 м

ам 암, ом 옴, ум 움, ым 으임, эм 엠

4) 자음 м + 모음

ма 마, мо 모, му 무, мы 므이, мэ 메

5) 모음 + 자음 н

ан 안, он 온, ун 운, ын 으인, эн 엔

6) 자음 н + 모음

на 나, но 노, ну 누, ны 느이, нэ 네

7) 모음 + 자음 р

ар 아르, ор 오르, ур 우르, ыр 으이르, эр 에르

8) 자음 р + 모음

ра 라, ро 로, ру 루, ры 르이, рэ 레

5. 자음 + 모음의 발음 연습

- **자음 + 경모음 ы ↔ 자음 + 연모음 и**

ты 뜨이	ти 찌
ды 드이	ди 지
зы 즈이	зи 지
сы 쓰이	си 씨

6. 연모음 я, ё, ю, е의 발음 연습

연모음 я, ё, ю, е는 경모음 а, о, у, э 앞에 짧은 이 й(즉, 반모음 й)가 더해져 발음되는 모음이다.

① й + а → я
ㅣ + ㅏ → ㅑ
② й + о → ё
ㅣ + ㅗ → ㅛ
③ й + у → ю
ㅣ + ㅜ → ㅠ
④ й + э → е
ㅣ + ㅔ → ㅖ

1) 연모음 + 자음 м

ем 옘, ём 욤, юм 윰, ям 얌

2) 연모음 + 자음 т

ет 옛(예트), ёт 욧(요트), ют 윳(유트), ят 얏(야트)

3) 자음 б + 모음

бе 볘, вё 뵤, бю 뷰, бя 뱌

4) 자음 в + 모음

ве 볘, вё 뵤, вю 뷰, вя 뱌

5) 자음 з + 모음

зе 졔, зё 죠, зю 쥬, зя 쟈

6) 자음 д + 모음

де 졔, дё 죠, дю 쥬, дя 쟈

7) 자음 с + 모음

се 쎼, сё 쑈, сю 쓔, ся 쌰

8) 자음 т + 모음

те 쪠, тё 쬬, тю 쮸, тя 쨔

7. 6쌍의 대응하는 유성자음 ↔ 무성자음

① б ↔ п, ② в ↔ ф, ③ г ↔ к, ④ д ↔ т, ⑤ з ↔ с, ⑥ ж ↔ ш

8. 반모음(또는 연자음) й와 모음 и의 발음 비교

мой[모-이] ↔ мои́[마이-]

твой[뜨보-이] ↔ твои́[뜨바이-]

반모음 또는 연자음인 문자 й(이 끄라-뜨꼬에)는 모음 뒤에서만 쓰이며, 음성적 기호는 [j]다.

9. 단어의 마지막 자음에 연음 부호가 1) 없는 경우와 2) 있는 경우

연음 부호 ь는 앞의 자음이 연음(부드러운 소리)을 표현하는 기호이며,

혀를 모음 и의 위치에 두고 아주 짧고 애매하게 발음하는 소리다.

따라서 한글로 정확히 표기하기 어렵다.

예를 들어, мать를 '마-찌'라고 표기하지만, 이를 발음할 때는 그대로 소리를 내는 대신, 아주 작고 애매하게 발음해야 한다.

мат[마-뜨] ↔ мать[마-찌],

кон[꼬-ㄴ] ↔ конь[꼬-니],

брат[브라-뜨] ↔ брать[브라-찌]

Урóк 3(제3과)

Ударéние и интонáция
강세와 억양

1. 음절

음절은 최소 발음 단위이며, 모음 하나가 한 음절에 해당하며, 강세 및 억양과도 연관된다. 예를 들어, 모음이 2개인 단어를 2음절 단어라 한다.

2. 강세(또는 역점, ударéние[우다리에-니에])

강세는 소리의 강하고 약함과, 길고 짧음의 특성이 있다. 즉, 강세를 받는 모음(역점이 있는 모음)은 강하고 길게, 그리고 정확히 발음된다. 또한 2음절 이상의 단어에서 강세 모음은 다른 비강세 모음들보다 상대적으로 더 강하고 길게 발음되며, 비강세 모음들은 상대적으로 소리가 더 짧고 약해져서, 다른 모음으로 발음된다.(즉, '비강세 모음 약화 현상'이 발생함.)

3. 비강세 모음 약화 현상

1) '아까니에' 현상

2음절 이상의 단어에서 강세를 받는 모음은 다른 비강세 모음들보다 상대적으로 더 강하고 길게 발음되지만, 강세를 받지 않는 모음, 즉 비강세 모음 о가 약화하여 [아]에 가까운 소리로 약화하는 것을 '아까니에 현상'이라 한다.

예를 들어,

молоко́[멀라꼬-]란 단어처럼 같은 모음 о가 3개로 구성된 경우,

맨 앞의 모음 о가 가장 약화하여 '어'로,

중간의 모음 о는 '아'로,

마지막 모음 о는 강세를 받는 모음 '오-'는

앞의 2개의 비강세 모음들보다 상대적으로 더 강하고 길게 발음된다.

2) '이까니에' 현상

2음절 이상의 단어에서 강세를 받지 않는 모음, 즉 비강세 모음 а, я, е가 약화하여 [이]에 가까운 소리로 약화하는 것을 '이까니에 현상'이라 한다.

час[촤-쓰] 시(간), - часы́[치쓰-이] 시계,

мя́со[먀-싸] 고기, - мясно́й[미쓰노-이] 고기의,

ре́ки[례-끼] 강들, - река́[리까-] 강,

меня́[미냐-] 나를, тебя́[찌뱌-] 너를, ему́[이무-] 그에게

4. 자음의 발음 규칙

1) 유성 동화와 무성 동화 현상

단어의 중간에서 어느 소리가 만나 충돌하여 인접한 다른 소리를 닮거나, 또는 전치사의 끝 자음과 다음에 오는 단어의 첫 자음이 만나 충돌하여 서로 소리를 닮으려 하는 것을 동화라 한다. 모음과 결합하는 자음은 유성 자음과 무성 자음 모두 가능하나, 자음이 겹칠 경우, 앞의 자음이 뒤의 자음을 닮아 소리가 서로 같아지려 하는 현상이 발생하는데, 이를 '역행 동화 현상'이라 한다.

2) 자음 유성 동화 현상

이 동화 현상 중 가장 특징은 유성 동화와 무성 동화인데, 두 동화 현상 중 하나가 발생한다. 만약 뒤의 자음이 유성음일 때 앞의 자음이 뒤의 자음의 영향을 받아(즉, 유성음 자질을 닮아) 유성음으로 소리가 나는데, 이를 '유성 동화'라 한다. 예를 들어, экза́мен[에그자-민]이란 단어의 중간에서 무성 자음 к와 유성 자음 з가 충돌하여, 앞의 무성 자음 к가 뒤의 유성 자음 з의 영향을 받아, 유성 자음으로 닮게 된다. 그런데 여기서 중요한 것은 무성 자음 к가 반드시 대응하는 유성 자음인 г로 바뀐다는 점이다. 따라서 '에끄자-민'이 아닌, '에그자-민'으로 발음된다.

3) 자음 무성 동화 현상

이와 반면 뒤의 자음이 무성음일 때, 앞의 자음이 무성음으로 소리 나는 현상을 '무성 동화 현상'이라 한다. 예를 들어, оши́бка[아쉬-쁘까]란 단어의 중간에서 유성 자음 б와 무성 자음 к가 충돌하여, 앞의 유성 자음 б가 뒤의 무성 자음 к의 영향을 받아, 무성 자음으로 닮게 된다. 그런데 여기서 중요한 것은 유성 자음 б가 반드시 대응하는 무성자음인 п로 바뀐다는 점이다. 따라서 '아쉬브까'가 아닌, '아쉬-쁘까'로 발음된다.

4) 어말 무성음화 현상

단어의 끝, 즉 어말에서는 모든 자음이 무성음으로 소리가 나는데, 이를 '어말 무성음화 현상'이라 한다.

특히, **пóезд**[뽀-이쓰트]란 단어처럼 어말의 자음이 2개 이상인 경우, 마지막 어말의 유성 자음 д가 대응하는 무성 자음 т로 바뀜과 동시에 그 앞의 유성 자음 з에 영향을 미쳐, 대응하는 무성 자음 с로 바뀌게 된다. 즉, 연쇄적으로 동화되어 두 유성 자음이 대응하는 무성음으로 소리가 나게 된다. 따라서 '뽀-이즈드'가 아닌, '뽀-이쓰트'로 발음된다.

※ 그런데 자음 중에서 유성 자음 в는
1) 뒤에 오는 자음이 유성 자음이면, 유성음 그대로 소리가 나는데,
2) 뒤에 오는 자음이 무성 자음이면, 무성음으로 소리가 난다는 점이 특이하다.

5. 러시아어의 억양

러시아어에는 대체로 6-7 가지의 기본적인 억양 구조(**интонационная конструкция** [인따니찌오-ㄴ나야 깐쓰뚜루-욱찌야] : 약칭 ИК[이-까-])가 있다. 이 책에서는 5가지만 간단히 소개하고자 한다.

억양은 문맥과 상황에 따라, 화자가 어디에 중점을 두어 강조하느냐에 따라 억양의 위치가 달라질 수 있다.

1) ИК 1 (평서문의 억양 구조)

마침표로 끝나는 문장, 즉 평서문에서 사용되는 억양 구조가 ИК 1이다.
'이것은 -이다'라는 형태의 서술문에 사용된다. 문장의 꼬리를 내린다.

Он студе́нт. [오-ㄴ 쓰뚜지에-ㄴ트.]

그는 대학생이다.

2) ИК 2 (의문사가 있는 의문의 억양 구조)

의문사가 있는 의문문에서 사용되는 억양 구조가 ИК 2이다.

의문사 Отку́да, Где, Ско́лько, Куда́, Что, Како́й, Почему́, Как, Когда́ 부분에서 톤을 올린다.

Отку́да он? [앗꾸-다 오-ㄴ?]

그는 어디 출신이죠? (그는 어디로부터 왔죠?)

Где он живёт? [그졔- 오-ㄴ 쥐뵤-오트?]

그는 어디에 살죠?

Ско́лько ему́ лет? [쓰꼬-올리까 이무- 리-에트?]

그는 몇 살이죠? ('ему́'는 3인칭 대명사 단수 주격 он의 '여격' 형태)

Куда́ он идёт? [꾸다- 오-ㄴ 이죠-오트?]

그는 어디로 (걸어)가고 있죠?

Что он изуча́ет? [쉬또- 오-ㄴ 이주촤-에트)?]

그는 무엇을 연구(공부)하고 있죠?

Како́й язы́к он изуча́ет? [까꼬-이 이즈-익 오-ㄴ 이주촤-에트?]

그는 어떤 언어를 배우고 있죠?

Почему́ он изуча́ет ру́сский язы́к?

[빠취무- 오-ㄴ 이주촤-에트 루-쓰끼이 이즈이-크?]

그는 왜 러시아어를 배우고 있죠?

Как он говори́т по-ру́сски?

[까-크 오-ㄴ 거바리-트 빠루-쓰끼?]

그는 러시아어를 어떻게 말하죠?(그는 회화 수준이 어때요?)

Когда́ он хо́чет пое́хать в Росси́ю?

[까그다- 오-ㄴ 호-췌트 빠이에-하찌 브라씨-유?]

(이동동사 пое́хать 다음의 전치사 в 다음의 여성 명사 단수 주격 형태인 Росси́я의 대격(목적격)인 Росси́ю로 바꿔야 함!)

그는 언제 러시아에 가길 원하죠?

3) ИК 3 (의문사가 없는 의문의 억양 구조)

의문사가 없는 의문문에서 사용되는 억양 구조가 ИК 3이다.
되묻거나 공손한 요청 등을 표현할 때 사용하며, 강조하고자 하는 부분에서 톤을 올린다.

Вам поня́тно? [바-ㅁ 빠냐-뜨나?]

('무인칭문'에서 주어인 주격 Вы 대신 여격 Вам 사용!)

여러분(당신, 당신들), 이해했어요?

Вы всё понима́ете? [브-이 프쏘- 빠니마-에쩨?]

여러분, 다 알겠어요?

4) ИК 4 (화제 전환 접속사 A로 시작되는 의문문의 억양 구조)

'그런데', '그럼' 등을 뜻하는 화제 전환 접속사 A로 시작되는 의문문에서 사용되는 억양 구조가 ИК 4이다.

А э́то? [아- 에-따?]

그럼 이것은(요)?

А вы? [아- 브이-?]

그런데 당신은(요)?

5) ИК 5 (감탄문의 억양 구조)

감탄사가 사용되는 억양 구조가 ИК 5이다.

의문사 부분을 감정을 넣어 강조해서 표현한다.

Как хорошо́ ! [까-크 허라쇼-!]

정말 좋아요!

Како́й краси́вый парк! [까꼬-이 끄라씨-브이 빠-르크!]

얼마나 아름다운 공원인가!

Урóк 4(제4과)

Знакóмство
인사와 통성명

1. 사샤와 안나의 인사와 통성명

– Здрáвствуй! Меня́ зовýт Сáша.

[즈드라–쓰부이쩨! 미냐– 자부–ㅅ(자부–트) 싸–샤.]

안녕하세요! 제 이름은 사샤입니다.

– А как вас зовýт?

[아 까–그 바즈 자부–트?]

그런데 성함이 어떻게 되시죠?(= 당신의 성함은 무엇입니까?)

– Меня́ зовýт Анна. Я рáда познакóмиться.

[미냐– 자부–ㅅ 아–ㄴ나. 야– 라–다 빠즈나꼬–미쨔.]

제 이름은 안나예요. 만나 뵙게 돼 반갑습니다. (= 통성명을 하게 돼 반갑습니다.)

(**тьс**я는 [쨔]로 발음함. 자음군 **тьс**, **тс**, **дт**, **тц**는 [ц], 즉, [ㅉ]로 발음함!!!)

- Мне то́же о́чень прия́тно.

[므녜- 또-줴 오-친 쁘리야-뜨나.]

저도 만나 뵙게 돼 반갑습니다.

('무인칭문'에서 주어인 주격 я 대신 여격 Мне 사용!)

2. 안드레이 이바노비치와 니나 페트로브나의 낮 인사와 통성명

- До́брый день!

[도-브르이 지에-ㄴ!]

안녕하세요! (낮 인사!)

(ь로 끝나는 день은 남성 명사 단수 주격 형태임. 그런데 ь로 끝나는 но́чь는 여성 명사 단수 주격 형태임. 이처럼 ь로 끝나는 명사는 남성 명사이거나 여성 명사임.)

- До́брый день!

[도-브르이 지에-ㄴ!]

안녕하세요! (낮 인사!)

- Вы Серге́й Алекса́ндрович?

[브이- 씨르기에-이 알릭싸-ㄴ드라비치?]

당신이 세르게이 알렉산드로비치세요?

- Нет, я не Серге́й Алекса́ндрович. Я Андре́й Ива́нович.

[니-엣, 야- 네 씨르기에-이 알릭싸-ㄴ드라비치. 야- 안드리에-이 이바-나비치.]

아니오, 저는 세르게이 알렉산드로비치가 아닙니다. 저는 안드레이 이바노비치입니다.

– Я Ни́на Петро́вна. Я ра́да познако́миться.

[야- 니-나 삐뜨로-브나. 야- 라-다 빠즈나꼬-미짜.]

저는 니나 페트로브나에요. 만나 뵙게 돼 반가워요.

– Очень прия́тно.

[오-첸 쁘리야-뜨나!]

(Мне о́чень прия́тно познако́миться.)

([므녜- 첸 쁘리야-뜨나 빠즈나꼬-미짜!])

저도 만나 뵙게 돼 매우 반갑습니다.

('반가운, 기쁜, 유쾌한, 즐거운, 기분이 좋은'이란 뜻을 지닌 형용사 прия́тный의 술어적 부사인 прия́тно의 뜻은 '반갑게, 반갑다, 기쁘게, 기쁘다, 유쾌하게, 유쾌하다 등'임. 부사 прия́тно가 포함된 문장을 '무인칭문'이라 하며, 주어를 주격 대신 '여격' 형태로 표현함. 즉, 이 문장에서는 Я 대신 Мне로 표현함.)

3. 이반과 니나의 통성명 후 헤어질 때 인사

– Приве́т!

[쁘리비에-트!]

안녕!

– Приве́т!

[쁘리비에-트!]

안녕!

– Тебя́ зову́т Ни́на?

[찌뱌– 자부–트 니–냐?]

네 이름이 니나니?

(복수 주어 Они́가 생략! (사람들이, 즉, 그들이 Они́) 너를 '니나'라고 부르니?)

– Да, меня́ зову́т Ни́на.

[다–, 미냐– 자부–트 니–나.]

응, 내 이름은 니나야.

(복수 주어 Они́가 생략! 그래, 사람들이(Они́) 나를 '니나'라고 불러.)

– Меня́ зову́т Ива́н. Я рад познако́миться.

[미냐– 자부–트 이바–ㄴ. 야– 라–트 빠즈나꼬–미쨔.]

내 이름은 이반이야. 만나서 반가워. (주어–화자 **я**가 남성)

– И я то́же ра́да познако́миться.

[이 야– 또–줴 라–다 빠즈나꼬–미쨔.]

나도 만나서 반가워. (주어–화자 **я**가 여성)

– Пока́!

[빠까–!]

잘 있어! (안녕!)

– Пока́!

[빠까–!]

잘 가! (안녕!)

Уро́к 5(제5과)

Кто э́то? / Что э́то?
이 사람은 누구죠? / 이것은 무엇이죠?

1. Кто э́то? 이 사람은 누구죠?

– Кто э́то? [크또- 에-따?]
이 사람은 누구니?

– Это я. [에-따 야-.]
그건 나야.

– Это де́душка. [에-따 지에-두쉬까.]
이분은 할아버지야.

– Это ба́бушка. [에-따 바-부쉬까.]
이분은 할머니야.

– Это пáпа. [에–따 빠–빠.]

이분은 아빠야.

– Это мáма. [에–따 마–마.]

이분은 엄마야.

– Это сестрá. [에–따 씨쓰뜨라–.]

이건 언니야.

– Это брат. [에–따 브라–트.]

이건 오빠야.

2. Что э́то? 이것은 무엇이죠?

– Что э́то? [쉬또– 에–따?]

이것은 무엇이죠?

– Это учéбник. [에–따 우췌–브닉.]

이것은 교과서입니다.

– Это рýчка. [에–따 루–츠까.]

이것은 볼펜(손잡이, 자루, 핸들)입니다.

– Это каранда́ш. [에–따 까란다–쉬.]

이것은 연필입니다.

– Это тетра́дь. [에–따 찌뜨라–찌.]

이것은 공책입니다.

– Это кни́га. [에–따 크니–가.]

이것은 책입니다.

– Это слова́рь. [에–따 슬라바–리.]

이것은 사전입니다.

– Это газе́та. [에–따 가지에–따.]

이것은 신문입니다.

– Это дом. [에–따 도–ㅁ.]

이것은 집(가옥, 아파트)입니다.

– Это маши́на. [에–따 마쉬–나.]

이것은 자동차입니다.

– Это шко́ла. [에–따 쉬꼬–ㄹ라.]

이것은 (초, 중, 고등)학교입니다.

– Это университе́т. [에–따 우니비르씨찌–에트]

이것은 대학교입니다.

– Это вода́. [에–따 바다–.]

이것은 물입니다.

– Это чай и ко́фе. [에–따 최–이 이 꼬–페.]

이것은 차와 커피입니다.

– Это стол и стул. [에–따 쓰또–ㄹ 이 쓰뚜–ㄹ.]

이것들은 책상(탁자, 식탁, 식사, 요리)과 걸상(의자)입니다.

– Это я́блоко и гру́ша. [에–따 야–블라까 이 그루–샤.]

이것들은 사과와 배입니다.

– Это сок и пи́во. [에–따 쏘–크 이 삐–바.]

이것들은 음료수와 맥주입니다.

– Это хлеб и ко́фе. [에–따 흘리–에쁘 이 꼬–페.]

이것들은 빵과 커피입니다.

– Это хлеб и молоко́. [에–따 흘리–에쁘 이 멀라꼬–).]

이것들은 빵과 우유입니다.

– Это бана́н и апельси́н. [에–따 바나–ㄴ 이 아뻴리씨–ㄴ.]

이것들은 바나나와 오렌지입니다.

– Это вино́ и во́дка. [에–따 비노– 이 보–트까.]

이것들은 포도주와 보드카입니다.

– Это мя́со и ры́ба. [에–따 먀–싸 이 르이–바.]

이것들은 고기와 생선입니다.

러시아 노래로
러시아어 배우기

Уро́к 6(제6과)

Катю́ша
카추샤

Катю́ша 카추샤

[까쮸-솨]

1) Текст 텍스트

[찌에-ㄱ쓰트]

Расцвета́ли я́блони и гру́ши, 사과나무와 배나무 꽃들이 피고 있었죠,

라스쯔비따-ㄹ리 야-블라니이 이 그루-쉬

Поплыли тума́ны над реко́й, 강 위엔 안개가 흐르기 시작했어요.

빠쁠르이-ㄹ리 뚜마-느이 나드리꼬-이

Выходи́ла на бе́рег Катю́ша, 카추샤는 강기슭에 나가곤 했지요.

브이하지-ㄹ라 나비에-레크 까쮸-샤

На высо́кий бе́рег, на крутой. 높은 강기슭으로, 험한 강기슭으로.

나브이쏘-끼이 비에-레크 나꾸르또-이

Выходи́ла на бе́рег Катю́ша, 카추샤는 강기슭에 나가곤 했지요.

브이하지-ㄹ라 나비에-레크 까쮸-샤

На высо́кий бе́рег, на круто́й. 높은 강기슭으로, 험한 강기슭으로.

나브이쏘-끼이 비에-레크 나꾸르또-이

Выходи́ла, пе́сню заводи́ла, 그리로 가서, 노래를 시작하곤 했어요.

브이하지-ㄹ라 삐에-쓰뉴 자바지-ㄹ라

Про степно́го си́зого орла́, 대초원의 회청색 독수리 노래를,

쁘라쓰찌쁘노-바 씨-자바 아를라-

Про того́, кото́рого люби́ла, 사랑했던 사람에 대한 노래를,

쁘라따보- 까또-라바 류비-ㄹ라

Про того́, чьи пи́сьма берегла́, 그의 편지들을 그녀가 소중히 간직했던

쁘라따보- 취이- 삐-씨마 비리글라 - 사람에 대한 노래를

Про того́, кото́рого люби́ла, 사랑했던 그 사람에 대한 노래를,

쁘라따보- 까또-라바 류비-ㄹ라

Про того́, чьи пи́сьма берегла́, 그의 편지들을 그녀가 소중히 간직했던

쁘라따보- 취이- 삐-씨마 비리글라- 사람에 대한 노래를.

* 1941년 7월 세계 제2차 대전 시 나치 독일군과의 전선에 나서는 소련(러시아) 참전 용사들을 환송하기 위해 모스크바 산업학교 여학생들이 이 노래를 처음으로 불렀음.

2) Слова̇, их выраже̇ния и значе̇ния

[슬라바– 이–익흐 브이라쥐에–니야 이 즈나취에–니야]

단어들과 이 단어들의 표현 및 의미

* расцвета̇ли 꽃들이 피고 있었다

расцвета̇ть(불완) расцвести̇(완) 꽃이 피다, 개화하다, 번영하다, 융성하다

расцве̇т 개화, 개화기, 최성기, 번성기

* я̇блони 사과나무들

я̇блонь(여) 사과나무, я̇блоня(여)의 방언

я̇блоко 사과, 안구

* гру̇ши 배나무들

гру̇ша 배나무, 배

* поплы̇ли туманы на̇д реко̇й, 강 위에 안개가 흐르기 시작했다.

поплы̇ть(완), 끼기 시작하다, 흐르기 시작하다, 헤엄치기 시작하다,

항해하기 시작하다

плыть(불완) 끼다, 흐르다,

тума̇ны 안개들이, тума̇н 안개

* над реко̇й 강 위에, 전치사 над + река̇의 조격

река̇ 강

* выходи̇ла на бе̇рег Катю̇ша 카추샤는 강기슭으로 나가곤 했다.

выходи̇ть(불완), вы̇йти(완) 나가다(구상적, 추상적 사물의 영역 밖으로 나가는 것을 의미하며, 전치사 из를 동반하는 경우가 많음)

на бе̇рег 강기슭으로, 전치사 на + бе̇рег의 대격

бе̇рег 기슭, 강기슭, 강변, 강가

* пѐсню заводи̇ла, (그녀는) 노래하기 시작하곤 했었다.

пѐсня 노래, 가곡, 가요, 시(특히 서정시), 소곡(가사), наро̇дная пѐсня 민요

заводи̇ла 시작하곤 했었다

заводи̇ть(불완), заести̇(완) 시작하다, (광범위하게) 일, 말, 교제 등을 시작하다, 일 등을 성취하다

* про степно̇го си̇зого орла̇ 스텝의 회청색 독수리에 대해서

про + 대격 -에 대해서(= о), -을 위하여, -용(=для)

전차사 про + степно̇й си̇зый орёл의 활동체 대격

степно̇й 스텝의, 대초원의, 광야의, 사막의,

степь(여) 스텝, 대초원, 광야, 사막

си̇зый 회청색의, 비둘기 빛의, 푸른 빛이 도는 (피부), 장밋빛의 (피부)

орёл 독수리, 걸물, 훌륭한 인물, 뛰어난 인물

* про того̇, кото̇рого люби̇ла Катю̇ша 카추샤가 사랑했던 사람에 대해서

전치사 про + тот, кото̇рого люби̇ла Катю̇ша의 활동체 대격

тот, кото̇рого люби̇ла Катю̇ша 카추샤가 사랑했던 사람

선행사(사람), 관계대명사 + 동사 + 주어 =

тот, люби̇вший Катю̇ша

〔류비-프쉬이〕

선행사, 능동형동사(과거 시제) + 주어

형동사: 동사의 활용형으로서 형용사와 동사의 성질을 지닌 동사로,

능동형동사(현재 시제, 과거 시제)와 피동형동사(현재 시제, 과거 시제)가 있음.

예를 들어,

'-을 보다'란 뜻의 타동사 ви̇деть는 4가지의 형동사를 만들 수 있다.

〔비-제찌〕

(1) **видящий** 능동형동사 현재

〔비-쟈쉬이〕 보고 있는

(2) **видевший** 능동형동사 과거

〔비-제프쉬이〕 보고 있었던

(3) **видимый** 피동형동사 현재

〔비-지므이〕 보이고 있는, 보이는, 보여지는

(4) **виденный** 피동형동사 과거

〔비-젠느이〕 보여졌(었)던, 보였던

그런데, '-를 사랑하다'란 뜻의 타동사 **любить**는 3가지의 형동사만 만들 수 있다.
〔류비-찌〕

(1) **любящий** 능동형동사 현재

〔류-뱌쉬이〕 사랑하고 있는

(2) **любивший**는 능동형동사 과거

〔류비-프쉬이〕 사랑했(었)던

(3) **любимый** 피동형동사 현재

〔류비-므이〕 사랑을 받는

각종 형동사를 파생할 수 있는 동사는 드물며, 완료상 동사는 현재형이 없어서 형동사 현재를 만들 수 없고, 피동형동사 현재를 만들 수 있는 동사는 타동사뿐임.

형동사는 동사의 활용형이므로 동사처럼 명사의 격을 지배할 수 있고, 명사를 수식할 수 있다. 또한 형용사처럼 성과 수와 격에 따른 어미변화를 하며, 수식되는 명사(선행사)와 성과 수와 격에 있어서 일치한다.

예를 들어,

тот, любӥвший Катюша 카추샤가 사랑했던 사람

〔류비-프쉬이〕

선행사, 능동형동사 과거 + 주어

(인칭대명사 남성 단수 주격, 능동형동사 과거 남성 단수 주격 + 주어)

* про того̇, чьи пӥсьма берегла̇ она̇ 그의 편지들을 그녀가 소중히 간직했던 사람에 대해서

전치사 про + 지시대명사 남성 단수 불활동체 대격(=목적격), 의문대명사 복수 대격 + 중성 명사 복수 대격 + 불완료상 타동사 과거 시제 + 주어

여기서 чьи는 의문대명사 чей(누구의)의 복수 대격 형태이며, 이 чьи는 중성 명사 письмо̇(편지)의 복수 대격 형태인 письма와 성, 수, 격에서 일치.

Урóк 7(제7과)

Журáвли

백학

Журáвли 백학

[쥬라 - 블리]

1) Текст 텍스트

[찌에-ㄱ쓰트]

Мне кáжется, порóю, что солдáты

므니에- 까-줴짜 빠로-유 쉬또- 쌀다-뜨이

난 가끔 (다음과 같이) 생각하곤 해.

С кровáвых не пришéдшие полéй

쓰끄라바-브 이-익흐 네- 쁘리쉐-트쉬에 빨레-이

유혈의 들판들에서 돌아오지 못한 병사들이

Не в зе̇млю на̇шу полегли̇ когда̇-то,

네- 브지에-믈류 나-슈 빨리글리- 까그다-따

언젠가 우리 땅에 묻히지 못했던 (병사들이)

А преврати̇лись в бе̇лых журавле̇й.

이- 쁘리브라찌-ㄹ리씨 브비에-ㄹ르 이-익흐 쥬라블레-이

백학들로 변해버렸다고.

Они̇ по сей поры̇ с времён тех да̇льних

아니- 빠쎄이- 빠르이- 스브리묘-ㄴ 찌에-흐 다-ㄹ리닉흐

그들이 이 시간에 저 먼 시간에서

Летя̇т и подаю̇т нам голоса̇,

리쨔- 트 이- 빠다유-트 나-ㅁ 걸라싸-

날아와 우리에게 말하는 건

Не потому̇ ль так ча̇сто и печа̇льно

네- 빼따무- 리 따-크 촤-쓰따 이- 삐촤-ㄹ리나

우리가 너무 자주 슬프게

Мы замолка̇ем глядя̇ в небеса̇?

므이- 자말까-엠 글리쟈- 브니비싸-

하늘을 바라보며 침묵에 젖기 때문이 아닐까?

М-м-м-м-м м-м-м-м-м .....

음- 음- 음- 음- 음 음- 음- 음- 음- 음

Лети̇т, лети̇т по не̇бу клин уста̇лый,

리찌-트 리찌-트 빠니에-부 끌리-ㄴ 우쓰따-ㄹ르이

피곤한 새 떼가 하늘을 날고 있어요.

Летит в тумане на исходе дня.

리찌-트 프뚜마-네 나- 이쓰호-제 드냐-

석양의 안개 속을 날아가고 있네요.

И в том строю есть промежуток малый–

이- 프또-ㅁ 스뜨로-유 이에-쓰찌 쁘라미쥬-딱 마-ㄹ르이

저 대열 속에 작은 틈이 있는데,

Быть может, это место для меня.

브이-찌 모-줴트 에-따 미에-쓰따 들리미냐-

이게 아마 날 위한 공간일지도 모르죠.

Настанет день и журавлиной стаей.

나쓰따-네트 지에-ㄴ 이- 쥬라블리-나이 쓰따-에이

하루가 학의 무리처럼 다가오겠죠.

Я поплыву в такой же сизой мгле.

야- 빠쁠리부- 프따꼬-이 줴- 씨-자이 므글리에-

난 바로 그런 회색 안개 속을 날아보리라.

Из-под небес по–птичьи окликая

이쓰포-뜨 니비에-쓰 빠쁘찌-취이 아끌리까-야

하늘 아래서 새처럼 울부짖으며

Всех вас кого оставил на земле.

프씨에-흐 바-쓰 까보- 아쓰따-빌 나지믈리에-

지상에 남겨진 모든 당신들에게.

М–м–м–м–м м–м–м–м–м .....

음- 음- 음- 음- 음 음- 음- 음- 음- 음

Певе̇ц: Ио̇сиф Ковзо̇н 이오시프 코브존

삐비에-쯔 이오-씨프 까브조-ㄴ

가수

А̇втор слов: Гамза̇тов Р. R. 감자토프

아-프따르 슬로-프 감자-따프 에르

작사자

Композѝтор: Фре̇нкель Я. Ya. 프렌켈

깜빠지-따르 프리에-ㄴ겔 야-

작곡가

2) Слова̇, их выраже̇ния и значе̇ния

[슬라바- 이-익흐 브이라쥐에-니야 이 즈나취에-니야]

단어들과 이 단어들의 표현 및 의미

* Мне ка̇жется, поро̇ю, что солда̇ты / С крова̇вых не прише̇дшие поле̇й / Не в зе̇млю на̇шу полеглѝ когда̇-то, / А превратились в бе̇лых журавле̇й. 난 가끔 (다음과 같이) 생각하곤 한다. 유혈의 들판에 돌아오지 못한 병사들이, / 언젠가 우리 땅에 묻히지 못한 (병사들이) / 백학으로 변해버렸다고.

Мне ка̇жется 나에게는 -로 보인다. -로 생각된다,

поро̇ю(=порой) 때때로, 가끔

인칭대명사 여격 + каза̇ться(무인칭동사) + что(접속사) + солда̇ты(주어) +

превратились(동사)

солдаты, не пришедшие с кровавых полей 유혈의 전장에서 돌아오지 못한 병사들

солдат 병사, 병, 졸병, 일개미(병정개미)

пришёдшие(능동형동사 과거 시제) 돌아온, 도착한,

прийдти(완) 도착하다, 오다, 이르다

с(생격 지배 전치사) кровавых полей (형용사와 명사의 복수 생격)

кровавое поле 유혈의 들판(전장, 전쟁터),

кровь(여) 피, 혈액, 유혈, 살육, 핏줄, 혈연, 가문, 혈통

Не в зёмлю нашу полегли когда-то = когда-то не полегли в нашу зёмлю 언젠가 (그들=병사들)이 우리 땅에 묻히지 못했다

земля наша = наша земля 우리 땅, земля 땅, 토지, 흙

полечь(완) (다수가) 눕다, 드러눕다, 전사하다, (호밀 등이) 고개를 숙이다

когда-то 언젠가

(солдаты) превратились в бёлых журавлёй (병사들이) 백학들로 변했다, превратились в 활동체 형용사와 명사 бёлые журавли의 복수 대격(활동체 복수 명사의 어미는 대격이 생격과 동일), превратиться(완) 변하다, 바뀌다

журавль(남) 학

* Они по сей поры с времён тех дальних / Летят и подают нам голоса, / Не потому ль так часто и печально / Мы замолкаем глядя в небеса? 그들이 이 시간에 저 먼 시간에서 날아와 /우리에게 말을 하는 것은 / 우리가 그렇게 자주 슬프게 / 하늘을 바라보며 침묵에 젖기 때문이 아닐까?

по сей поры 이 시간에, по(대격 지배 전치사) + поры(여성 명사 복수 대격)

пора 때, 시절, 시기, порой (부사) 때때로, 가끔

с времён тех дальних = с тех дальних времён 그 먼 시간에서(으로부터)

времена́ те да́льние = те да́льние времена 그 먼 시간들

생격 지배 전치사 с + 중성 명사 время의 복수 생격 + 지시대명사 то의 복수 생격, + 형용사 дальное의 복수 생격

дальний 먼

Летя́т и подаю́т нам голоса́ = (Они́) летя́т и подаю́т нам голоса́

(그들이 = 백학들이) 날아와 목소리를 우리에게 말하고 있다

лете́ть(불완) (정태 동사: 특정한 시간에 일정한 방향으로 이동) 날아가다 (오다), 비행하다, 비상하다

подава́ть(불완) 주다, 내놓다, 공급하다 подаю́, подаёшь, пода́ть(완) пода́м, пода́шь, пода́ст

подава́ть го́лос 말하다(직역: 목소리를 내다), 답장하다, 한 표를 던지다

го́лос 목소리, 음성, 음향, 성량, 음조, 의견, 평판, 투표(권), 발언(권),

голоса́ 목소리들

Не потому́ ль так ча́сто и печа́льно / Мы замолка́ем глядя́ в небеса́?

= Не потому́ ль мы так ча́сто и печа́льно замолка́ем, глядя́ в небеса́?

우리가 그렇게 자주 슬프게 하늘을 바라보며 침묵에 젖기 때문이 아닐까?

Не потому́ ль – ? = Не пото́му ли –? –이 아닐까?

потому́(부사) 그래서, 그 때문에, 그러므로, cf потому́ что 왜냐하면, 무슨 일인가 하면(어떤 경우에는 потому를 주문장에 붙여 – потому, что로 사용)

ль = ли(소사: 주로 관계되는 말의 바로 뒤에 위치하기 때문) 1) 의문을 나타냄 2) 조건적 선택을 나타냄(А ли В ли A인가 B인가, A이든지 B이든지) 3) 일정치 않음을 나타냄 4) 어떤 부사에 붙어 한 낱말을 구성 5) 민요 등에서는 의미 없이 사용되기도 함

так(부사) 그렇게, 이렇게, 이처럼, 그토록, 이만큼, 대단히, 아주, 그대로, 이대로, 지금대로, 문득 생각이 나서, 특별히 어떤 이유도 없이, 훌륭히, 알맞게(접속

사) 그러면, 그렇다면, 그런고로, 때문에, 말하자면 ча̇сто(부사) 자주, частый 빈번한, 잦은, 연속해서 일어나는, 조밀한, 눈이 촘촘한 печа̇льно(부사) 슬프게, печа̇льный 슬픈, 슬픔에 잠긴, 우울한, 무정한, 참혹한, 끔찍한, печа̇ль(여) 슬픔, 비애, 설움, 근심, 걱정 замолка̇ть(불완) замо̇лкнуть(완) замолча̇ть(완) 말을 안 하다, 침묵하다, 말(노래, 비명)을 멈추다, 소리가 그치다, 조용해지다, 진정하다

глядя̇ в небеса̇ 하늘을 바라보면서

глядя̇(глядѐть 동사에서 파생된 부동사 현재 시제, + 대격 지배 전치사 в + 중성 명사 небо의 복수 대격

глядѐть(불완) 보다, 주시하다, (물건들 사이로) 얼굴을 내밀다, 들여다보다, 어떤 방향으로 향하다

* Лети̇т, лети̇т по нѐбу клин уста̇лый, / Лети̇т в тума̇не на исхо̇де дня. 피곤한 새 떼가 하늘을 날고 있네요. / 석양의 안개 속을 날아가고 있네요.

клин уста̇лый = уста̇лый клин 피곤한 새 떼, уста̇лый 피곤한, клин 쐐기, 쐐기 모양의 것(여기서는 새 떼), (의복의) 섶

тума̇н 안개

на исхо̇де дня 석양에, 해가 질 녘에, исхо̇д 끝장, 최후, 결말, дня(день의 생격), cf день на исхо̇де 해가 저물고 있다

* И в том стро̇ю <u>есть</u> промежу̇ток ма̇лый– / Быть мо̇жет, э̇то мѐсто для меня̇. 저 대열 속에 작은 틈이 <u>있는데</u>, / 이게 아마 날 위한 공간일지도 <u>모르죠</u>.

в том стро̇ю 저 대열 속에

전치격 지배 전치사 в + 남성 지시대명사 тот의 단수 전치격 + 남성 명사 строй의 단수 전치격

строй(남) 대열, 대형, 대오, 기구, 구성, 조직, 정체, 제도, есть(быть(연사) =이다, 되다, (동사) 있다, 존재하다, 체류하다)의 현재 시제, 강조 표현 시에만 사용되고, 현재 시제에서는 보통 생략됨.

промежу̇ток ма̇лый = ма̇лый промежу̇ток 작은 공간, промежу̇ток 중간, 간격, 사이, 시간과 시간 사이

* Наста̇нет день и журавли̇ной ста̇ей. 하루가 학의 무리처럼 다가오겠죠. наста̇ть(완) (때, 계절 등이) 다가오다, 오다, 되다, журавли̇ной ста̇ей (журавли̇ная ста̇я의 조격), журавли̇ная ста̇я 학의 무리, журавли̇ный 학의, 학과 같은, ста̇я(여) 떼(새, 작은 짐승, 물고기의), 무리

* Я поплыву̇ в тако̇й же си̇зой мгле. 난 바로 그런 회색 안개 속을 날아보리라. поплы̇ть(완) 헤엄치기 시작하다, 흐르기 시작하다, 항해하기 시작하다, си̇зый 회청색의, 비둘기 빛의, мгла = тума̇н 안개

* Из-по̇д небѐс по-пти̇чьи оклика̇я / Всех вас кого̇ оста̇вил на землѐ. / Всех вас кого̇ оста̇вил на земле̇. 하늘 아래서 새처럼 울부짖으며 / 지상에 남겨진 모든 당신들에게. Из-по̇д небѐс(небеса̇의 생격) 하늘 아래서, по-пти̇чьи 새처럼

оста̇вить(완) 방치하다, 내버려 두다, 남겨 두고 가다, 남기다

Урóк 8(제8과)

Миллиóн áлых роз
백만 송이 장미

Миллиóн áлых роз 백만 송이 장미

[밀리오-ㄴ 아-ㄹ르익 로-쓰]

1) Текст 텍스트

[찌에-ㄱ쓰트]

Жил–был худóжник одíн, дóмик имéл и холсты́.

쥐-ㄹ브이-ㄹ 후도-즈닉 아지-ㄴ 도-믹 이미에-ㄹ 이- 할쓰뜨이-

한 화가가 살았었어요. 작은 집과 캔버스만 소유했었죠.

Но он актрíсу любíл, ту, что любíла цветы́.

노- 오-ㄴ 악뜨리쑤- 류비-ㄹ 뚜- 쉬또- 류비-ㄹ라 쯔비뜨이-

하지만 그는 꽃을 좋아하는 여배우를 사랑했죠.

Он тогда̇ про̇дал свой дом, про̇дал карти̇ны и кров,

오-ㄴ 따그다- 쁘로-달 스보-이 도-ㅁ 쁘로-달 까르찌-느이 이 끄로-프

(그래서) 그는 그때 자기 집을 팔았죠. 그림들과 집을 팔았어요.

И на все де̇ньги купи̇л по̇лное мо̇ре цвето̇в.

이- 나프씨에- 지에-ㄴ기 꾸삐-ㄹ 뽀-ㄹ나에 모-레 쯔비또-프

모든 돈으로 바다처럼 많은 꽃을 샀답니다.

(припе̇в) 후렴

쁘리삐에-프

Миллио̇н, миллио̇н, миллио̇н а̇лых роз

밀리오-ㄴ 밀리오-ㄴ 밀리오-ㄴ 아-ㄹ르 이-익흐 로-쓰

백만 송이, 백만 송이, 백만 송이 붉은 장미를

Из окна̇, из окна̇, из окна̇ ви̇дишь ты.

이자-크나 이자-크나 이자-크나 비-지쉬 뜨이-

창가에서, 창가에서, 창가에서, 그대가 보고 있네요.

Кто влюблён, кто влюблён, кто влюблён и всерьёз

크또- 블류블료-ㄴ 크또- 블류블료-ㄴ 크또- 블류블료-ㄴ 이 프씨리요-쓰

사랑에 빠진, 사랑에 빠진, 진정으로 사랑에 빠진 사람이

Свою̇ жизнь для тебя̇ преврати̇т в цветы̇.

스바유- 쥐-즈니 들리찌비야- 쁘리브라찌-트 프찌비뜨이-

그대를 위해 자기 삶을 꽃들로 바꿀 거에요.

Миллио̇н, миллио̇н, миллио̇н а̇лых роз

밀리오-ㄴ 밀리오-ㄴ 밀리오-ㄴ 아-ㄹ르 이-익흐 로-쓰

백만 송이, 백만 송이, 백만 송이 붉은 장미를

Из окна̇, из окна̇, из окна̇ ви̇дишь ты.

이자-크나 이자-크나 이자-크나 비-지쉬 뜨이-

창가에서, 창가에서, 창가에서, 그대가 보고 있네요.

Кто влюблён, кто влюблён, кто влюблён и всерьёз

크또- 블류블료-ㄴ 크또- 블류블료-ㄴ 크또- 블류블료-ㄴ 이 프씨리요-쓰

사랑에 빠진, 사랑에 빠진, 진정으로 사랑에 빠진 사람이

Свою̇ жизнь для тебя̇ преврати̇т в цветы̇.

스바유- 쥐-즈니 들리찌비야- 쁘리브라찌-트 프찌비뜨이-

그대를 위해 자기 삶을 꽃들로 바꿀 거에요.

У̇тром ты вста̇нешь у окна̇, мо̇жет, сошла̇ ты с ума̇,

우-뜨람 뜨이- 프쓰따-네쉬 우아크나- 모-줴트 싸쉴라- 뜨이- 쑤마-

아침에 그대가 창가에서 일어나면, 아마 정신이 나갈 겁니다.

Как продолжение сна, пло̇щадь цвета̇ми полна̇.

까-크 쁘라달줴-니에 쓰나- 쁠로-샤찌 쯔비따-미 빨나-

꿈의 연속처럼 광장이 꽃으로 가득하네요.

Похолоде̇ет душа̇, что за бога̇ч здесь чуди̇т?

빠할라지에-에트 두샤- 쉬또- 자바가-츠 즈지에-씨 추지-트

마음이 냉정해질 거에요. 어떤 부자가 여기서 이상한 일을 하는 걸까?

А под окно̇м, чуть дыша, бе̇дный худо̇жник стои̇т.

아- 빠다크노-ㅁ 추-찌 드이샤- 비에-드느이 후도-즈닉 쓰따이-트

그런데 장문 밑에 가난한 화가가 숨죽이며 서 있네요.

(припе̇в) 후렴

쁘리삐에-프

Встре̇ча была̇ коротка̇, в ночь её по̇езд увёз.

프스뜨리에-촤 브이-ㄹ라 까라트까- 브노-취 이요- 뽀-이스트 우뵤-쓰

만남은 짧았고. 밤에 기차가 그녀를 데리고 갔어요.

Но в её жи̇зни была̇ пе̇сня безу̇мная роз.

노- 브이요- 쥐-즈니 브이-ㄹ라 삐에-쓰냐 비주-ㅁ나야 로-쓰

그녀의 삶엔 무분별한 장미 노래가 있었던 거죠.

Про̇жил худо̇жник оди̇н, мно̇го он бед принёс,

쁘로-쥘 후도-즈닉 아지-ㄴ 므노-가 오-ㄴ 비에-트 쁘리뇨-쓰

화가는 홀로 살면서, 많은 고난을 겪었죠.

Но в его̇ жи̇зни была̇ це̇лая пло̇щадь цвето̇в.

노- 비이보- 쥐-즈니 브이-ㄹ라 쩨-ㄹ라야 쁠로-쌱찌 쯔비또-프

하지만 그의 삶엔 꽃으로 가득한 광장이 있었던 거죠.

(припе̇в) 후렴

쁘리삐에-프

Певи̇ца: А̇лла Пугачёва 알라 푸가쵸바

삐비-짜 아-ㄹ라 뿌가쵸-바

여가수

А̇втор слов: Во̇знесенский А. А. 보즈네센스키

아-프따르 슬로-프 보-즈네쎈스끼이 아-

작사자

Композйтор: Паулс P. R. 파울스

깜빠지-따르　　　빠-울쓰　에르

작곡가

2) Словȧ, их выражėния и значėния

[슬라바- 이-익흐 브이라쥐에-니야　이　즈나취에-니야]

단어들과 이 단어들의 표현 및 의미

* Жил-был худȯжник одйн, дȯмик имėл и холстẏ.

한 화가가 살았다. 작은 집과 캔버스를 갖고 있었다.

жил-был 옛날 옛적에(원래는 옛날이야기의 맨 처음에 시작되는 표현)

худȯжник одйн = одйн худȯжник 한 화가

худȯжник 화가, 예술가

дȯмик 작은 집, дом의 지소형(태)

имėть(불완) 소유하다, 가지다, 지니다, 소지하다, 갖다

холст 화포, 캔버스, 마포, 아마포, 조그만 천, 두꺼운 천

* Но он актрйсу любйл, <u>ту, что</u> любйла цветẏ.

하지만 그는 꽃을 좋아하는 여배우를 사랑했죠.

Но он актрйсу любил 하지만 그는 여배우를 사랑했다

актрйса 여배우, cf актёр 배우

<u>ту, что</u> любйла цветẏ 꽃을 좋아했던 그녀를

여성 지시대명사 та의 단수 대격 +, + 관계대명사 что + 불완료상 타동사

любйть의 과거 시제 + 남성 명사 цветȯк의 복수 대격

но 그러나, 하지만

* Он тогда̇ про̇дал свой дом, про̇дал карти̇ны и кров,

그는 그때 자신의 집을 팔았고, 그림들과 집을 팔았다.

тогда̇ 그때, (그) 당시

прода̇ть(완) 팔다. 판매하다, 적에게 팔아넘기다, 배신하다

свой(정대명사) 자신의

карти̇на 그림, 영화, 광경, 상황

кров 집, 비나 이슬을 피하는 장소, 지붕, 차폐, 보호, родно̇й кров 생가, 친정

* И на все де̇ньги купи̇л по̇лное мо̇ре цвето̇в

모든 돈으로 바다처럼 많은 꽃을 샀어요.

все(정대명사 весь의 복수), весь(남성), вся(여성), всё(중성), все(복수)

1) 모든, 온, 전체의, 전부의, 2) 모두, 전부

де̇ньги 돈

купи̇ть(불완) 사다, 구입하다, 매수하다, 여분의 카드의 수를 가지다(카드놀이)

по̇лный 가득한, 충만한, 완전한, 충분한, 나무랄 데 없는, 최상의, 최대의, 최고의 뚱뚱한, 통통한, 살이 찐

мо̇ре 바다

цветы̇ 꽃(들), цвето̇к 꽃 한 송이

* миллио̇н алых роз

백만 송이 붉은 장미를

миллио̇н 백만

а̇лая ро̇за 붉은 장미꽃

а̇лый = кра̇сный 붉은, 빨간, 적색의

* из окна̇ ви̇дишь ты = ты ви̇дишь из окна̇

창가에서 네가 보고 있다

из(생격 지배 전치사) + 중성 명사 окно̇(창, 창문)의 생격

ви́деть(불완) 보다

* кто влюблён и всерьёз

진정으로 사랑에 빠진 사람이

кто 여기서는 '누가'가 아니라, 관계대명사 역할을 함

влюблён 사랑에 빠져 있다, влюблённый(반한, 사랑에 빠진, 혼을 빼앗긴, 몰두하는, 몰입하는, 열중하는)의 피동형동사 남성 단어미형(태)

влюби́ть(불완) 반하게 하다, 사랑에 빠지게 하다

* Свою́ жизнь для тебя́ преврати́т в цветы́.

너를 위해 자신의 삶을 꽃들로 바꿀 것이다.

Свою жизнь для тебя́ преврати́т в цветы́.

= (Он) преврати́т свою́ жизнь в цветы́ для тебя́

жизнь(여) 삶, 생활, 생명, 목숨

для тебя́ 널 위해, 생격 지배 전치사 для + ты의 생격

преврати́ть(완) 바꾸다, 변화시키다, преврати́ть A в B A를 B로 바꾸다

* У́тром ты вста́нешь у окна́, мо́жет, сошла́ ты с ума́,

아침에 그대가 창가에서 일어나면, 아마 정신이 나갈 것이다.

у́тром 아침에, у́тро 아침

вста́ть(완) 일어나다, 일어서다, 기상하다, 궐기하다

вста́ну, вста́нешь, вста́нет ... (미래 시제 어간에 н 첨가)

у(전치사) –옆에, –곁에, –가까이, –에게, –에게서, –집에, –집에서, (–의 소속이나 소유를 나타냄) –을 가지고 있다, –을 소유하고 있다(추상적 사물에 대해서도)

окна́ 창가에서,

생격 지배 전치사 у + 중성 명사 окно의 단수 생격 형태

мо́жет(삽입어) = мо́жет быть = быть мо́жет 혹은 -일지도 모르다, 있을

수 있는 일이다, мочь(불완) 가능하다, 되다, –할 수 있다,

могу̇, мо̇жешь, мо̇жет ...

* Как продолже̇ние сна, пло̇щадь цвета̇ми полна̇.

꿈의 연속처럼 광장이 꽃으로 가득하네요.

как продолже̇ние сна 꿈의 연속처럼

как –처럼, –같이

продолже̇ние 연속, 계속, 지속, 존속, 속편

сон 꿈, 잠, 수면, 공상

пло̇щадь цвета̇ми полна̇ 광장이 꽃들로 가득하다

пло̇щадь(여) 광장, 평지, Кра̇сная пло̇щадь 붉은 광장(모스크바의)

цветы̇ 꽃(들), цвета̇ми 꽃들로

полна̇: полный (가득한) 형용사의 여성 단수 단어미형(태),

пло̇щадь полна̇ цветами 광장이 꽃들로 가득 차 있다

* Похолоде̇ет душа̇, что за бога̇ч здесь чуди̇т?

마음이 냉정해질 것이며, 어떤 부자가 여기서 이상한 일을 하는 것일까?

похолоде̇ет душа̇ = душа̇ похолоде̇ет 마음이 냉정해질 것이다

похолоде̇ть(완) холоде̇ть(불완) 냉정해지다, 냉담해지다, 냉랭해지다, 추워지다, 쌀쌀해지다, 차가워지다

душа̇ 마음, 영혼, 혼, 내심, 감정, 정, 애정, 사람, душа и тело 영혼과 육체

что за бога̇ч здесь чуди̇т? 어떤 부자가 여기서 이상한 일을 하는 것일까?

что за бога̇ч 어떤 부자가

здесь 여기서, 여기에, 이때, 이 경우

чуди̇ть(불완) 기적을 행하다, 이상한 일을 하다, чу̇до 기적, 이상한 일

* А под окно̇м, чуть дыша̇, бе̇дный худо̇жник стои̇т.

그런데 장문 밑에 가난한 화가가 숨죽이며 서 있네요.

под(조격 지배 전치사) + окно́의 조격

чуть дыша́ 숨을 죽인 채, 겨우 숨을 쉬면서

чуть 아주 조금, 겨우, 가까스로

дыша́(부동사 현재) 숨을 쉬면서, дыша́ть(불완) 숨을 쉬다, 호흡하다

부동사: 동사와 부사의 성질과 기능을 함께하는 동사의 파생어다.

부사처럼 술어(동사)를 수식한다.

бе́дный худо́жник стои́т 가난한 화가가 숨죽이며 서 있다

бе́дный 가난한 화가

стоя́ть(불완) 서다, 서 있다, 멈춰 서 있다, 있다, 존재하다, 위치하다, 계속되다

* Встре́ча была́ коротка, в ночь её поезд увёз.

만남은 짧았고, 밤에 기차가 그녀를 데리고 갔어요.

встреча 만남, 조우, 해후, 면회, 대면, 회견, 회합, 마중, 영접하기, 맞이하기

была́ коротка́ 짧았다, коротка́ 짧다(시간과 공간이): коро́ткий(짧은) 형용사 여성 단수 단어미형(태)

대격 지배 전치사 в + 여성 명사 ночь(밤)의 단수 대격(시간의 대격 = 주격)

её по́езд увёз = по́езд увёз её 기차가 그녀를 데리고 가버렸다

по́езд 기차, 열차

увёз: 데리고 갔다, увезти́(완) увози́ть(불완) 데리고 가다, 운반해 가다,

увёз, увезла́, увезло́, увезли́ 훔쳐 가다, 훔치다(신랑이 신부를)

* Но в её жи́зни была́ пе́сня безу́мная роз.

그러나 그녀의 삶 속에는 장미꽃들의 무분별한 노래가 있었다.

в её жи́зни была́ пе́сня безу́мная роз = безу́мная пе́сня роз была́ в её жи́зни

전치격 지배 전치사 в + 소유대명사 её + 여성 명사 жизнь의 단수 전치격 형태

пе́сня безу́мная роз(여성명사 ро́за의 복수 생격) 장미꽃들의 무분별한 노래

пе̇сня 노래, 가요, 가곡

безу̇мный 무분별한, 미친, 어리석은, 격렬한, 지나친, 정신착란의, 광기의, 미친 사람, 광인(명사)

러시아 시로
러시아어 배우기

Урóк 9(제9과)

Если жизнь тебя́ обма́нет
삶이 그대를 속일지라도

1. Если жизнь тебя́ обма́нет

[예-쓸리 쥐즌 찌비야- 아브마-에트]

삶이 그대를 속일지라도

1) Текст 텍스트

[찌에-ㄱ쓰트]

Если жизнь тебя́ обма́нет, 삶이 그대를 속일지라도

예-쓸리 쥐-즌 찌비야- 아브마-네트

Не печа́лься, не серди́сь! 슬퍼하거나, 노하지 말라!

네 뻬좌-ㄹ쌰 네 씨르지-씨

В день уны́ния смири́сь. 우울한 날엔 참고 견디라.

브지에-ㄴ 우느이-니야 쓰미리-씨

День весёлья, верь, настанет. 기쁜 날이 온다는 걸 믿으라.

지에-ㄴ 비씨에-ㄹ리야 비에-리 나쓰따-네트

Сёрдце в будущем живёт; 가슴은 미래에 살고,

씨에-르쩨 브부-두쉠 쥐뵤-트

Настоящее уныло: 현재는 우울하도다.

나쓰따야-쉐에 우느이-ㄹ라

Всё мгновенно, всё пройдёт; 모든 것은 순간에 지나가고,

프쑈- 므그나비에-ㄴ나 프쑈- 쁘라이죠-트

Что пройдёт, то будет мило. 지나간 것은 사랑스러우리라.

쉬또- 쁘라이죠-트 또 부-제트 미-ㄹ라

(1825)

2) Слова, их выражения и значения

[슬라바- 이-익흐 브이라쥐에-니야 이 즈나취에-니야]

단어들과 이 단어들의 표현 및 의미

* если 만약 -라면
* жизнь(여) 삶, 생명, 인생, 일생, 생활, 삶, 활기, 활동
* тебя 너를, 그대를 ты의 대격=목적격
* обмануть(완) 속이다. 기만하다, 거짓말하다, 배반하다
* не печалься 슬퍼하지 마라, печалиться(불완), опечалиться(완) 슬퍼하다, 탄식하다
* не сердись! 노하지 마라, сердиться(불완) 노하다, 화내다
* в день уныния 우울한 날에, 우울의 날에, 슬픔의 날에,

уныние 우울, 의기소침

* смири́сь 마음을 가라앉혀라, 참고 견디라, смири́ться(완), смиря́ться(불완) 누그러지다, 굴복하다

* день ве́селья 기쁜 날, 기쁨의 날, весе́лье 기쁨, 즐거움, 유쾌, 명랑함, 쾌활

* верь 믿어라, ве́рить(불완) поверить(완) 믿다, 신뢰하다

* наста́ть(완), настава́т(불완), (EO, 계절 등이) 오다, 되다, 다가오다

* сердце 심장, 가슴, 마음속, (강렬한) 감정

* в бу́дущем 미래에, 장차, бу́дущее 미래, 장래

* жить(불완), 살다, 생활하다, 거주하다, 지내다, 살아있다

* настоя́щее уны́ло: 현재는 슬프다, настоя́щее 현재, уны́лый 우울한, 의기소침한, 음울한, (날씨가) 음침한

* всё мгнове́нно 모든 것은 순간적이다, мгнове́нный 순간의, 순간적인

* пройти́(완) проходи́ть(불완) 지나가다(구상, 추상 전반에 걸쳐 '통과'의 뜻 표현), 통행하다, 통과하다

* бу́дет ми́ло, 사랑스러우리라, ми́ло 사랑스럽게, 사랑스럽다, ми́лый 사랑스러운, 애교스러운, 아름다운, 친근한, 그리운, 좋은, cf. милый(남성 명사) 연인, 애인, милая(여성명사) 연인, 애인, 여성이 남성 애인이나 친근한 사람에게 다음과 같이 부른다.

милый мой! 내 사랑! 나의 사랑하는 그대여!

남성이 여성 애인이나 친근한 사람에게 다음과 같이 부른다.

милая моя! 내 사랑! 나의 사랑하는 그대여!

Урóк 10(제10과)

Я пóмню чýдное мгновéнье
난 기적의 순간을 기억하고 있습니다.

1. Я пóмню чýдное мгновéнье

[야- 뽀-ㅁ뉴 추-드나에 므그나비에-니에]

난 기적의 순간을 기억하고 있습니다.

1) Текст 텍스트

[찌에-ㄱ쓰트]

Я пóмню чýдное мгновéнье:

야 뽀-ㅁ뉴 추-드나에 므그나비에-니에

난 기적의 순간을 기억하고 있습니다.

Пéредо мной явúлась ты,

삐에-리다 므노-이 이비-ㄹ라씨 뜨이-

내 앞에 그대가 나타나곤 했었죠.

Как мимолётное виде̇нье,

까-크 미마료-트나에 비지에-니에

마치 순간의 환영처럼,

Как ге̇ний чи̇стой красоты̇.

까-크 기에-니이 취-쓰따이 끄라싸뜨이-

순결한 미의 화신처럼 말이죠.

В томле̇ньях гру̇сти безнадёжной,

프따믈리에-니약흐 그루-스찌- 비즈나죠-즈나이

희망 없는 우울의 괴로움 속에서,

В трево̇гах шу̇мной суеты̇,

프뜨리보-각흐 슈-므나이 쑤이뜨이-

시끄러운 소동의 불안 속에서,

Звуча̇л мне до̇лго го̇лос не̇жный

즈부촤-ㄹ 므니에- 도-ㄹ가 고-ㄹ라쓰 니에-즈느이

부드러운 음성이 내게 오래 들려오곤 했었죠.

И сни̇лись ми̇лые черты̇.

이- 스니-ㄹ리씨 미-ㄹ르이에 췌르뜨이-

사랑스럽고 그리운 얼굴 모습들도 꿈에 보이곤 했죠.

Шли го̇ды. Бурь поры̇в мяте̇жный

쉴리- 고-드이 부-ㄹ 빠르이-프 미찌에-즈느이

세월이 흘러갔지요. 사나운 폭풍의 격정이

Рассе̇ял пре̇жние мечты̇,

라쓰씨에-얄 쁘리에-즈니에 미츠뜨이-

예전의 꿈들을 흩어버렸어요.

И я забы̇л твой го̇лос не̇жный,

이-야- 자브이-ㄹ 뜨보-이 고-ㄹ라쓰 니에-즈느이

그리고 난 그대의 부드러운 목소릴 잊어버렸죠.

Твои̇ небе̇сные черты̇.

뜨바이- 니비에-쓰느이에 쳬르뜨이-

그대의 아름다운 얼굴 모습들도요.

В глу̇ши, во мра̇ке заточе̇нья

브글루-쉬 바므라-께 자따취에-니야

벽지에서, 유형지의 어둠 속에서

Тяну̇лись ти̇хо дни мои̇

찌누-ㄹ리씨 찌-하 드니- 마이-

나의 나날들은 조용히 이어지고 있었죠.

Без божества̇, без вдохнове̇нья,

비즈바줴스뜨바- 비즈브다흐나비에-니야

숭배의 대상도 없이, 영감도 없이,

Без слёз, без жи̇зни, без любви̇.

비쓰쓸료-쓰 비즈쥐-즈니 비즈류브비-

눈물도 없이, 삶도 없이, 사랑도 없이 말입니다.

Душѐ настало пробуждѐнье:

두쉐- 나쓰따-ㄹ라 쁘라부즈지에-니에

영혼이 잠에서 깨어났어요.

И вот опять явилась ты,

이-보-트 아빠-찌 이비-ㄹ라씨 뜨이-

그러자 또다시 그대가 나타나곤 했죠.

Как мимолётное видѐнье,

까-크 미마료-트나에 비지에-니에

마치 순간의 환영처럼,

Как гѐний чистой красоты.

까-크 기에-니이 취-쓰따이 끄라싸뜨이-

순결한 미의 화신처럼 말이죠.

И сѐрдце бьётся в упоѐнье,

이- 씨에-르쩨 비요-짜 부빠이에-니에

그러자 마음이 환희로 고동치고,

И для него воскрѐсли вновь

이- 들리니보- 바쓰끄리에-쓸리 브노-피

마음에 속에 다시 살아났어요.

И божество, и вдохновѐнье,

이- 바줘쓰뜨보- 이- 브닥흐나비에-니에

숭배의 대상도, 영감도,

И жизнь, и слёзы, и лю̇бовь.

이- 쥐-즌 이- 슬료-즈이 이- 류보-피

삶도, 눈물도, 사랑도 말이에요.

(1825)

2) Слова̇, их выраже̇ния и значе̇ния

[슬라바- 이-익흐 브이라쥐에-니야 이 즈나취에-니야]

단어들과 이 단어들의 표현 및 의미

* чу̇дный 기적의, 한없이 아름다운, 불가사의한
* мгнове̇нье(мгнове̇ние의 고어) 순간, 순식간
* пе̇редо(=пе̇ред) (조격 지배 전치사) кем-чем -앞에
* яви̇ться(완) явля̇ться(불완) 나타나다
* как 마치 -처럼
* мимолётный 순간의, 순간. 찰나적인, 옆을 날아가는, 빨리 지나가는
* виде̇нье (видение의 고어) 환상, 환영, 유령
* ге̇ний 천재, 화신
* чи̇стый 순결한, 순수한, 깨끗한
* красота̇ 미, 아름다움
* томле̇нье (томление의 고어) 고뇌, 고통, 괴로움
* безнадёжный 희망 없는, 가망 없는, 절망적인
* грусть(여) 슬픔, 우수, 애수
* трево̇га 불안

* шу́мный 시끄러운, 소란스러운

* суета́ (대)소동, 공허, 허무함

* звуча́ть(불완) прозвуча́ть(완) 들리다, 울리다, 소리가 나다

* не́жный 부드러운, 상냥한, 온화한

* сниться(불완) присни́ться(완) 꿈에 보이다, 꿈을 꾸다

* ми́лый 사랑스러운, 그리운

* черты́ (черта́의 복수) 얼굴 모습, 외모, 용모

* го́ды 세월, 시대, 몇 년

* бурь (бу́ря의 고어) 폭풍(우)

* поры́в 돌발, 충동

* мяте́жный 격렬한, 사나운, 반란의, 폭동의

* рассе́ять(완) 좇아 (뿔뿔이) 흩어지게 하다, 사방에 뿌리다

* пре́жний 옛, 과거의

* мечта́ 꿈, 몽상, 망상, 공상, 환상

* забы́ть(완) забыва́ть(불완) 잊다

* небе́сный 아름다운, 하늘의, 매혹적인, 천상의, небо 하늘

* глушь(여) 벽지, 쓸쓸하고 인적이 드문 곳

* мрак 어둠, 암흑

* заточе́нье(заточе́ние의 고어) 추방, 유형, 감금(장소), 유형지

* тяну́ться(불완) 계속되다, 이어지다, 천천히 나아가다

* ти́хо 고요히, 조용히, 평화롭게

* божество́ 1) (시) 찬양. 숭배의 대상, 2) 신(=бо́же, бог), 하나님, 하느님을 бог, 현대에는 Бог로 표현, бо́жий 신의, 신이 창조한

* вдохнове́нье(вдохнове́ние의 고어) 영감, 인스피레이션, 창조적 영혼

* жизнь(여) 삶, 생명, 인생, 일생, 생활, 삶, 활기, 활동

* слезȧ 눈물 (한) 방울(복수는 слёзы('눈물'), слёз는 여성 명사 복수 생격 형태임
* любȯвь(여) 사랑, 애정, 연정, 연애, 연인, 애호, 기호
* настȧть(완, −тану, −танешь) (때, 계절 등이) 오다, 다가오다, 되다
* пробуждėнье (пробуждėние의 고어) 각성, 잠에서 깨어남
* би̇ться(불완, бью̇сь, бьётся) (맥박 등이) 뛰다, 고동치다, 떨다
* упоėнье(упоėние의 고어) 환희, 희열
* воскрėснуть 완, −крėс, −крėсла), воскресȧть(불완) 부활(갱생)하다, 되살아나다, 회복하다
* вновь 새로이, 다시, 재차(=снȯва, опя̇ть), 최초로(=впервы̇е)

Уро́к 11(제11과)

Я па̇мятник себе̇ воздви̇г нерукотворный
나는 자신의 비인조 기념비를 세웠노라

1. Я па̇мятник себе̇ воздви̇г нерукотворный

[야- 빠-먀트니크 씨비에- 바즈드비-크 니루까뜨보-르느이]

나는 자신의 비인조 기념비를 세웠노라

1) Текст 텍스트

[찌에-ㄱ쓰트]

Exegi monumentum.

Я па̇мятник себе̇ воздви̇г нерукотво̇рный,

야- 빠-먀트니크 씨비에- 바즈드비-크 니루까뜨보-르느이

나는 내 비인조 기념비를 세웠노라.

К нему́ не зарастёт наро́дная тропа́,

크니무-　　네　자라쓰쬬-트　나로-드나야　뜨라빠-

그리 나 있는 민중의 길은 잡초로 덮이지 않으리.

Вознёсся вы́ше он главо́ю непоко́рной

바즈뇨-쓰쌰　브이-쉐 오-ㄴ 글라보-유 니빠꼬-르나이

Александри́йского столпа́.

알릭싼드리-이쓰까바　　　　쓰딸빠-

기념비는 머리를 숙이지 않아서 알렉산드르 기둥보다 더 높이 치솟았노라.

Нет, весь я не умру́ – душа́ в заве́тной ли́ре

니에-트 비에-씨 야- 네　우므루-　　두샤-　　브자비에-뜨나이　리-레

아니, 내 모든 건 죽지 않으리. 영혼은 신성한 리라 속에 있으니까.

Мой прах переживёт и тле́нья убежи́т –

모-이　쁘라-흐 뼤리쥐뵤-트　　이- 뜰리에-니야 우베쥐-트

내 유해는 다시 살아나서 썩지 않으리.

И сла́вен бу́ду я, доко́ль в подлу́нном ми́ре

이- 슬라-벤　부-두　야- 다꼬-ㄹ리　프빠드루-ㄴ남　　　미-레

그래서 난 칭송받으리라. 지상 세계에

Жив бу́дет хоть оди́н пи́ит.

쥐이-프 부-제트　호찌　　아지-ㄴ 삐-이트

한 시인이라도 살아 있을 때까진.

Слух обо мне пройдёт по всей Руси́ вели́кой,

슬루-흐 아바므니에-　쁘라이죠-트　빠프쎄-이　　루씨-　빌리-까이

내 소문은 위대한 루시 전체에 퍼져나가,

И назовёт меня̀ всяк сỳщий в ней язы̀к,

이- 나자뵤-트 미냐- 프쌰-크 쑤-쒸이 브네-이 이즈이-크

루시의 현존하는 모든 언어가 내 이름을 부르리라.

И гòрдый внук слàвян, и финн, и ны̀не дѝкой

이- 고-르드이 브누-크 슬라-벤 이- 피-ㄴ 이- 느이-네 지-까이

슬라브인들의 자랑스러운 후손도, 핀 종족도, 지금은 미개한

Тунгỳс, и друг степѐй калмы̀к.

뚱구-쓰 이- 드루-크 쓰찌뻬-이 깔므이-크

퉁구스족도, 초원들의 친구인 칼믹인들도.

И дòлго бỳду тем любѐзен я нарòду,

이- 도-ㄹ가 부-두 찌에-ㅁ 류비에-젠 야- 나로-두

그래서 난 오래 민중에게 사랑받으리라.

Что чỳвства дòбрые я лѝрой пробуждàл,

쉬또- 추-쓰뜨바 도-브르이에 야- 리-라이 쁘라부즈다-ㄹ

내가 리라로 선한 감정들을 일깨웠고,

Что в мой жестòкий век восслàвил я Свобòду

쉬또- 브모이 줴쓰또-끼이 베에-크 바쓰쓸라-빌 야- 스바보-두

나의 잔혹한 시대에 자유를 찬미했고,

И мѝлость к пàдшим призывàл.

이- 미-ㄹ라쓰찌 크빠-트쉼 쁘리즈이바-ㄹ

쓰러진 자들에 대한 은총을 호소했으므로.

Велѐнью Бòжию, о мỳза, будь послỳшна,

빌리에-ㄴ유 보-쥐유 오- 무-자 부-찌 빠슬루-쉬나

오 뮤즈여, 신의 명령을 따르라.

Обӥды не страша́сь, не требу́я венца́;

아비-드이 네 쓰뜨라쌰-씨 네 뜨리부-야 빈짜-

모욕을 두려워하지 말고, 월계관을 요구하지 말며,

Хвалу́ и клевету́ прие́мли равноду́шно,

흐발루- 이- 끌리비뚜- 쁘리이에-믈리 라브나두-쉬나

칭찬과 비방을 무심히 받아들이라.

И не оспа́ривай глупца́.

이- 네 아쓰빠-리바이 글루쁘짜-

바보와는 논쟁하지 말라.

(1836)

2) Слова́, их выраже́ния и значе́ния

[슬라바- 이-익흐 브이라쥐에-니야 이 즈나취에-니야]

단어들과 이 단어들의 표현 및 의미

* па́мятник 기념비, 동상, 돌비석, 묘비, 고대문화의 기념물
* воздви́гнуть(완, воздви́г, воздви́гла) воздвига́ть(불완) 세우다, 건립. 건축하다
* нерукотворный 사람의 손으로 만들지 않은(не + руко + творный 사람의 손으로 + 만들지 + 않은), 비인공적인, 비인공의, 비인조의, 인공이 아닌, 신이 만든
* к нему́ 그것(он = нерукотво́рный па́мятник)으로, к нему = к н + ему́
* зарасти́(완, -расту́, -растёшь) зараста́ть(불완) 우거지다, 무성하다, 빽빽하게 자라다

* наро̇дный 민중의, 인민의, 국민의, 민족의, 대중의
* тропа̇ 길, 좁은 길, 오솔길
* вознести̇сь(완, вознёсся, вознесла̇сь) возноси̇ться(불완) 들어 올리다, 높이다, 칭찬하다
* вы̇ше 더 높이(высоко̇의 비교급으로, 다음에 오는 형용사와 명사의 생격 지배)
* глава̇ 1) (голова의 고상한 표현) 머리, 정상(추상적 의미), 2) 둥근 지붕, 3) (남성 및 여성 명사) 지도자
* непоко̇рный 불순종의, 불복종의, 저항의
* Александри̇йский 알렉산드르(Алекса̇ндр I 알렉산드르 1세)의
* столп 첨탑, 첨탑 모양의 건축물, 위인, 기둥(=столб)
* весь(정대명사 남성), вся(여성), всё(중성), все(복수) 1) 모든, 온, 전체의, 전부의, 2) 모두, 전부
* умере̇ть(완, умру̇, -рёшь) умира̇ть(불완) 죽다, 사멸. 소멸하다
* заве̇тный 소중한, 귀중한, 진지한, 성스러운, 비밀의, cf. заве̇т 1) 유연, 유훈, 2) 맹약

  ве̇тхий заве̇т 구약 성서, но̇вый заве̇т 신약 성서
* ли̇ра 리라, 시혼의 상징, 시적 재능, (그리스의) 수금. 하프(3-8현), (우크라이나의) 칠현금
* прах 유해, 유골, 먼지, 쓰레기(같은 것)
* пережи̇ть(완, -живу̇, -живёшь) пережива̇ть(불완) (어느 기간 동안) 살다, 살아남다, 체험하다, 인내하다
* тлѐнья (тлѐние의 고어) 부패, 썩음
* убежа̇ть(완, убегу̇, убѐжишь ... убегу̇т) убега̇ть(불완) (달려서) 도망가다, 도피하다, 급히 떠나다
* сла̇вный 영광스러운, 명성, 명예의, 훌륭한

* доко́ль (доко́ле의 고어) −하는 한, −하는 동안(= до тех пор, пока́), −할 때까지

* подлу́нный мир 지상, 현세, 하계, подлу́нный 지상의, 달 아래의(под + лу́нный, луна́ 달), мир 세계

* живо́й 살아있는, 생명이 있는, 활발한, 생생한, 현실의

* хоть (비록) −이라도, −라고 해도, −인데도. 임에도(불구하고)

* пи́ит 시인(=поэт) (현대에서는 비꼬는 말)

* слух 소문, 청각

* пройти́(완) проходи́ть(불완) 지나가다(구상, 추상 전반에 걸쳐 '통과'의 뜻 표현), 통행하다, 통과하다, 끝나다. 그치다

* Русь 러시아. 여기서는 Русь(루시)가 러시아를 의미(당시 시인들이 자주 사용함)하나, 원래는 고대 러시아, 즉 키예프(키이우) 루시를 의미하며, 동슬라브족(러시아, 우크라이나, 벨라루스)을 의미할 수도 있음.

* вели́кий 위대한, 훌륭한, 대−

* назва́ть(완, −зову́, −овёшь) кого́−что кем−чем −을 -로 부르다, 일컫다, 명명하다, 이름 부르다

* всяк (정대명사, 불변) 1) 누구든지(=ка́ждый челове́к),
  2) 모든, 온갖(=ка́ждый)

* сущий 현존하는, 실존의, 현실의, 진실의, 실재하는

* гордый 자랑스러운, 긍지를 지닌, 당당한, 오만한, 거만한

* внук 후손, 후예, 자손, 손자

* славяни́н 슬라브인(славя́не은 남성명사 славяни́н의 특수 복수 주격, славя́н은 특수 복수 생격)

* финн 핀 (종)족, 핀(Finn)인: 유럽 북부에서 핀란드를 중심으로 거주하는 핀어계의 언어를 사용하는 인종으로, 원래는 아시아에 살던 민족이었음

* ны̇не 지금, 현재, 오늘날
* ди̇кий 미개한, 야만의, 거친, 야생의
* тунгу̇с 퉁구스족(현재 명칭은 эвенк): 시베리아 동부에서 중국 북동부에 걸쳐 분포하는 몽골족으로, 언어는 알타이 어족에 속하는 퉁구스어를 사용함. 퉁구스족은 한국 민족, 몽골 인종, 만주족, 일본 민족 등처럼 검은 눈과 검은 머리, 작은 머리(단두)와 직모, 중간 코(중비) 등의 특징 소유
* степь 스텝, 대초원, 광야
* калмы̇к 칼믹족(유목 몽골 민족의 하나): 칼믹(Kalmyk)은 러시아의 북캅카스(북코카서스) 지방에 있는 자치 공화국이며, 이 칼믹족은 16세기에 중앙아시아의 광대한 지역을 차지했으나, 내분으로 일부는 카스피해 북서부로 이주하여 러시아의 지배하에 들어 갔으며, 유목 생활에서 농경 생활로 전업하였음
* любе̇зный 사랑받는, 사랑스러운, 그리운, 친절한, 정중한
* пробужда̇ть(불완) пробуди̇ть(완) -을 일깨우다, 일으키다, 눈을 뜨게 하다
* жесто̇кий 잔인한, 가혹한
* восcла̇вить(완) (고상한 표현) -을 찬양. 찬미하다
* Свобо̇ду 자유를, Свобо̇да 자유(일반명사 свобо̇да를 고유명사로 시인이 사용)
* ми̇лость(여) 호의, 자비, 친절, 자선, 은총
* па̇дший 쓰러지던, 떨어지던(пасть(완) '쓰러지다, 떨어지다'의 능동형동사 과거형)
* призыва̇ть(불완) призва̇ть(완) кого̇-что к чему̇ -을 -하라고 호소하다, 권(고)하다
* веле̇нье (веле̇ние의 고어) 명령
* бо̇жий 신의
* му̇за 1) 뮤즈(Muse) (신): 그리스 신화에 나오는, 인간의 모든 지적 활동, 즉 문예와 미술을 관장하는 아홉 여신, 2) 시적 영감, 시풍

* послу́шный -의 말을 듣는, 따르는
* оби́да 모욕, 무례
* страша́сь (страши́ться(불완) '-을 두려워하다, 무서워하다'의 부동사 현재형)
* требу́я (тре́бовать(불완) чего́ '바라다, 기대하다, 요구, 요청하다'의 부동사 현재형)
* вене́ц 화관, 월계관
* хвала́ 칭찬
* клевета́ 비방
* прие́мли 받아들이라
* равноду́шно 냉정하게, 무관심하게, 무심하게, 냉담하게
* оспа́ривать(불완) оспо́рить(완) 논박·논쟁하다, 얻으려고 다투다
* глупе́ц 어리석은 자, 미련한 자

◆ 세 편의 시의 시인 - 푸시킨에 대한 소개

푸시킨

푸시킨(Пу́шкин 뿌-쉬낀, 1799-1837)은 19세기 초에 낭만주의 문학을 꽃피우고 '비판적 사실주의'의 길을 개척한 시인이자 소설가다. '러시아 근대문학의 아버지', '러시아 근대문학의 창시자', '러시아의 국민시인' 등으로 불리는 푸시킨은 다양한 장르에 걸쳐 작품을 창조한 천재 작가다. 푸시킨은 12살 되던 해인 1811년에 6년제 귀족자제 교육기관인 리체이(лице́й 리쩨-이)에 입학하여, 재학 중 120여 편의 시를 쓴다. 리체이 졸업 후 외무성 관리로 근무하던 중 진보적인 문학 서클인 '녹색 램프'에 가입해 미래의 데카브리스트(декабри́ст 지까브리-스투)들과 교류한다. 이 무렵 그는 진보적인 시들을, 즉 농노제와 전제주의 제도를 비판한 시들을 발표했다는 이유로 1820년에 남러시아로 전출되었다가, 이후 프스코프(Псков 쁘쓰꼬-프) 부근의 작은 마을로 추방당한다. 푸시킨은 38세라는 젊은 나이에 미모의 아내를 둘러싸고 빚어진 단테스와의 결투로 1837년에 생을 마감한다. 푸시킨의 대표작으로 서사시 「루슬란과 류드밀라」, 시 형식의 소설 「예브게니 오네긴」, 희곡 「보리스 고두노프」, 중편 「스페이드의 여왕」과 장편 「대위의 딸」 등이 있다.

부록

기초 러시아어 문법

1. 명사

◆ 명사의 격 변화(어미에 의한 격의 변화)

1) 남성 명사의 격 변화

단수

1격 = 주격		заво̇д	[자보-트]	공장은
2격 = 생격(소유격)		заво̇да	[자보-다]	공장의
3격 = 여격(간접목적격)		заво̇ду	[자보-두]	공장에게
4격 = 대격(직접목적격)		заво̇д	[자보-트]	공장을
5격 = 조격(도구격)		заво̇дом	[자보-담]	공장에 의해서
6격 = 전치격	(o)	заво̇де	[(아)자보-제]	공장에 대해서

복수

1격 = 주격		заво̇ды	[자보-드이]	공장들은
2격 = 생격(소유격)		заво̇дов	[자보-다프]	공장들의
3격 = 여격(간접목적격)		заво̇дам	[자보-담]	공장들에게
4격 = 대격(직접목적격)		заво̇ды	[자보-드이]	공장들을
5격 = 조격(도구격)		заво̇дами	[자보-다미]	공장들에 의해서
6격 = 전치격	(o)	заво̇дах	[(아)자보-다흐]	공장들에 대해서

단수

1격 = 주격		геро́й	[기로-이]	영웅은
2격 = 생격(소유격)		геро́я	[기로-야]	영웅의
3격 = 여격(간접목적격)		геро́ю	[기로-유]	영웅에게
4격 = 대격(직접목적격)		геро́я	[기로-야]	영웅을
5격 = 조격(도구격)		геро́ем	[기로-엠]	영웅에 의해서
6격 = 전치격	(o)	геро́е	[(아)기로-에]	영웅에 대해서

복수

1격 = 주격		геро́и	[기로-이]	영웅들은
2격 = 생격(소유격)		геро́ев	[기로-에프]	영웅들의
3격 = 여격(간접목적격)		геро́ям	[기로-얌]	영웅들에게
4격 = 대격(직접목적격)		геро́ев	[기로-에프]	영웅들을
5격 = 조격(도구격)		геро́ями	[기로-야미]	영웅들에 의해서
6격 = 전치격	(o)	геро́ях	[(아)기로-야흐]	영웅들에 대해서

단수

1격 = 주격		води́тель	[바지-쩰리]	운전사가
2격 = 생격(소유격)		води́теля	[바지-쩰랴]	운전사의
3격 = 여격(간접목적격)		води́телю	[바지-쩰류]	운전사에게
4격 = 대격(직접목적격)		води́теля	[바지-쩰랴]	운전사를
5격 = 조격(도구격)		води́телем	[바지-쩰롐]	운전사에 의해서
6격 = 전치격	(o)	води́теле	[(아)바지-쩰레]	운전사에 대해서

복수

1격 = 주격		води́тели	[바지-쩰리]	운전사들이
2격 = 생격(소유격)		води́телей	[바지-쩰레이]	운전사들의
3격 = 여격(간접목적격)		води́телям	[바지-쩰럄]	운전사들에게
4격 = 대격(직접목적격)		води́телей	[바지-쩰레이]	운전사들을
5격 = 조격(도구격)		води́телями	[바지-쩰랴미]	운전사들에 의해서
6격 = 전치격	(o)	води́телях	[(아)바지-쩰랴흐]	운전사들에 대해서

단수

1격 = 주격	санато̇рий	[싸나또-리이]	요양소(사나토리움)는
2격 = 생격(소유격)	санато̇рия	[싸나또-리야]	요양소(사나토리움)의
3격 = 여격(간접목적격)	санато̇рию	[싸나또-리유]	요양소(사나토리움)에게
4격 = 대격(직접목적격)	санато̇рий	[싸나또-리이]	요양소(사나토리움)를
5격 = 조격(도구격)	санато̇рием	[싸나또-리엠]	요양소(사나토리움)에 의해서
6격 = 전치격	(о) санато̇рии	[(아)싸나또-리이]	요양소(사나토리움)에 대해서

복수

1격 = 주격	санато̇рии	[싸나또-리이]	요양소들이
2격 = 생격(소유격)	санато̇риев	[싸나또-리이에프]	요양소들의
3격 = 여격(간접목적격)	санато̇риям	[싸나또-리얌]	요양소들에게
4격 = 대격(직접목적격)	санато̇рии	[싸나또-리이]	요양소들을
5격 = 조격(도구격)	санато̇риями	[싸나또-리야미]	요양소들에 의해서
6격 = 전치격	(о) санато̇риях	[(아)싸나또-리야흐]	요양소들에 대해서

● 남성 불활동체 명사의 주격과 대격의 어미의 모양이 같다.

이 규칙은 단수와 복수 모두 대격이 주격에 동일하게 적용된다.

예를 들어,

남성 명사 단수 1격 = 주격 завȯд [자보-트] 공장은 =
남성 명사 단수 4격 = 대격(직접목적격) завȯд 공장을,

남성 명사 복수 1격 = 주격 завȯды [자보-드이] 공장들은 =
남성 명사 복수 4격 = 대격(직접목적격) завȯды 공장들을

● 남성 활동체 명사의 생격과 대격의 어미의 모양이 같다.
이 규칙은 단수와 복수 모두 대격이 생격에 동일하게 적용된다.

예를 들어,

남성 명사 단수 2격 = 생격(소유격)	геро̇я [기로-야]	영웅의 =
남성 명사 단수 4격 = 대격(직접목적격)	геро̇я	영웅을,
남성 명사 복수 2격 = 생격(소유격)	геро̇ев [기로-에프]	영웅들의 =
남성 명사 복수 4격 = 대격(직접목적격)	геро̇ев	영웅들을

● оте̇ц[아찌-에쯔, 아찌-엣] (아버지), день[지엔] (날, 하루, 낮) 등과 같은 남성 명사는 어미가 변화할 때, 어간의 모음 е가 탈락해서 отца̇[아짜-], отцу̇[아쭈-], дня[드냐-], дню[드뉴-] 등처럼 특수변화를 한다.

2) 여성 명사의 격 변화(어미에 의한 격의 변화)

		단수	
1격 = 주격	маши̇на	[마쉬-나]	기계가, 자동차가
2격 = 생격(소유격)	маши̇ны	[마쉬-느이]	기계의, 자동차의
3격 = 여격(간접목적격)	маши̇не	[마쉬-네]	기계에게, 자동차에게
4격 = 대격(직접목적격)	маши̇ну	[마쉬-누]	기계를, 자동차를
5격 = 조격(도구격)	маши̇ной	[마쉬-나이]	기계에 의해서, 자동차에 의해서
6격 = 전치격	(о) маши̇не	[(아)마쉬-네]	기계에 대해서, 자동차에 대해서

복수

격		형태	발음	뜻
1격 = 주격		маши̇ны	[마쉬-느이]	기계들이, 자동차들이
2격 = 생격(소유격)		маши̇н	[마쉬-ㄴ]	기계들의, 자동차들의
3격 = 여격(간접목적격)		машии̇ам	[마쉬-남]	기계들에게, 자동차들에게
4격 = 대격(직접목적격)		машии̇ы	[마쉬-느이]	기계들을, 자동차들을
5격 = 조격(도구격)		машии̇ами	[마쉬-나미]	기계들에 의해서, 자동차들에 의해서
6격 = 전치격	(о)	маши̇нах	[(아)마쉬-나흐]	기계들에 대해서, 자동차들에 대해서

단수

격		형태	발음	뜻
1격 = 주격		неде̇ля	[니지에-ㄹ랴]	주(week)가
2격 = 생격(소유격)		неде̇ли	[니지에-ㄹ리]	
3격 = 여격(간접목적격)		неде̇ле	[니지에-ㄹ레]	
4격 = 대격(직접목적격)		неде̇лю	[니지에-ㄹ류]	
5격 = 조격(도구격)		неде̇лей	[니지에-ㄹ레이]	
6격 = 전치격	(о)	неде̇ле	[(아)니지에-ㄹ레]	

복수

격		형태	발음	뜻
1격 = 주격		неде̇ли	[니지에-ㄹ리]	주(week)들이
2격 = 생격(소유격)		неде̇ль	[니지에-ㄹ리]	
3격 = 여격(간접목적격)		неде̇лям	[니지에-ㄹ럄]	
4격 = 대격(직접목적격)		неде̇ли	[니지에-ㄹ리]	
5격 = 조격(도구격)		неде̇лями	[니지에-ㄹ랴미]	
6격 = 전치격	(о)	неде̇лях	[(아)니지에-ㄹ랴흐]	

단수

1격 = 주격	ста̀нция	[스따-ㄴ찌야] 역(station)이
2격 = 생격(소유격)	ста̀нции	[스따-ㄴ찌이]
3격 = 여격(간접목적격)	ста̀нции	[스따-ㄴ찌이]
4격 = 대격(직접목적격)	ста̀нцию	[스따-ㄴ찌유]
5격 = 조격(도구격)	ста̀нцией	[스따-ㄴ찌에이]
6격 = 전치격	(о) ста̀нции	[(아)스따-ㄴ찌이]

복수

1격 = 주격	ста̀нции	[스따-ㄴ찌이] 역(station)들이
2격 = 생격(소유격)	ста̀нций	[스따-ㄴ찌이]
3격 = 여격(간접목적격)	ста̀нциям	[스따-ㄴ찌얌]
4격 = 대격(직접목적격)	ста̀нции	[스따-ㄴ찌이]
5격 = 조격(도구격)	ста̀нциями	[스따-ㄴ찌야미]
6격 = 전치격	(о) ста̀нциях	[(아)스따-ㄴ찌야흐]

단수

1격 = 주격	ча̀сть	[촤-쓰찌] 부분이
2격 = 생격(소유격)	ча̀сти	[촤-쓰찌]
3격 = 여격(간접목적격)	ча̀сти	[촤-쓰찌]
4격 = 대격(직접목적격)	ча̀сть	[촤-쓰찌]
5격 = 조격(도구격)	ча̀стью	[촤-쓰찌유]
6격 = 전치격	(о) ча̀сти	[(아)촤-쓰찌]

복수

1격 = 주격	ча̀сти	[촤-쓰찌] 부분들이
2격 = 생격(소유격)	ча̀стей	[촤쓰쩨-이]
3격 = 여격(간접목적격)	ча̀стям	[취쓰쨔-ㅁ]
4격 = 대격(직접목적격)	ча̀сти	[촤-스찌]
5격 = 조격(도구격)	ча̀стями	[취쓰쨔-미]
6격 = 전치격	(о) ча̀стях	[(아)취쓰쨔-흐]

● мать (어머니)는 다음과 같이 특수변화를 한다.

		단수
1격 = 주격	ма̀ть	[마-찌] 어머니가
2격 = 생격(소유격)	ма̀тери	[마-쩨리]
3격 = 여격(간접목적격)	ма̀тери	[마-쩨리]
4격 = 대격(직접목적격)	ма̀ть	[마-찌]
5격 = 조격(도구격)	ма̀терью	[마-쩨리유]
6격 = 전치격	(о) ма̀тери	[(아)마-쩨리]

		복수
1격 = 주격	ма̀тери	[마-쩨리] 어머니들이
2격 = 생격(소유격)	ма̀терей	[마찌레-이]
3격 = 여격(간접목적격)	ма̀терям	[마찌랴-ㅁ]
4격 = 대격(직접목적격)	ма̀терей	[마찌레-이]
5격 = 조격(도구격)	ма̀терями	[마찌랴-미]
6격 = 전치격	(о) ма̀терях	[(아)마찌랴-흐]

3) 중성 명사의 격 변화(어미에 의한 격의 변화)

		단수
1격 = 주격	мѐсто	[미에-쓰또] 장소가, 자리가
2격 = 생격(소유격)	мѐста	[미에-쓰따]
3격 = 여격(간접목적격)	мѐсту	[미에-쓰뚜]
4격 = 대격(직접목적격)	мѐсто	[미에-쓰또]
5격 = 조격(도구격)	мѐстом	[미에-쓰땀]
6격 = 전치격	(о) мѐсте	[(아)미에-쓰쩨]

		복수
1격 = 주격	места̇	[미쓰따-] 장소들이, 자리들이
2격 = 생격(소유격)	мест	[메-쓰뜨]
3격 = 여격(간접목적격)	места̇м	[미쓰따-ㅁ]
4격 = 대격(직접목적격)	места̇	[미스따-]
5격 = 조격(도구격)	места̇ми	[미스따-미]
6격 = 전치격	(о) места̇х	[(아)미스따-흐]

		단수
1격 = 주격	мо̇ре	[모-레] 바다가
2격 = 생격(소유격)	мо̇ря	[모-랴]
3격 = 여격(간접목적격)	мо̇рю	[모-류]
4격 = 대격(직접목적격)	мо̇ре	[모-레]
5격 = 조격(도구격)	мо̇рем	[모-렘]
6격 = 전치격	(о) мо̇ре	[(아)모-레]

		복수
1격 = 주격	моря̇	[마랴-] 바다들이
2격 = 생격(소유격)	море̇й	[마례-이]
3격 = 여격(간접목적격)	моря̇м	[마랴-ㅁ]
4격 = 대격(직접목적격)	моря̇	[마랴-]
5격 = 조격(도구격)	моря̇ми	[마랴-미]
6격 = 전치격	(о) моря̇х	[(아)마랴-흐]

		단수
1격 = 주격	зда̇ние	[즈다-니에] 건물이
2격 = 생격(소유격)	зда̇ния	[즈다-니야]
3격 = 여격(간접목적격)	зда̇нию	[즈다-니유]
4격 = 대격(직접목적격)	зда̇ние	[즈다-니에]
5격 = 조격(도구격)	зда̇нием	[즈다-니엠]
6격 = 전치격	(о) зда̇нии	[(아)즈다-니이]

복수

1격 = 주격	здания	[즈다-니야] 건물들이
2격 = 생격(소유격)	зданий	[즈다-니이]
3격 = 여격(간접목적격)	здааниям	[즈다-니얌]
4격 = 대격(직접목적격)	здания	[즈다-니야]
5격 = 조격(도구격)	зданиями	[즈다-니야미]
6격 = 전치격	(о) зданиях	[(아)즈다-니야흐]

단수

1격 = 주격	время	[브레-먀] 시간이
2격 = 생격(소유격)	времени	[브레-메니]
3격 = 여격(간접목적격)	времени	[브레-메니]
4격 = 대격(직접목적격)	время	[브레-먀]
5격 = 조격(도구격)	временем	[브레-메넴]
6격 = 전치격	(о) времени	[(아)브레-메니]

복수

1격 = 주격	времена	[브리미나-] 시간들이
2격 = 생격(소유격)	времён	[브리묘-ㄴ]
3격 = 여격(간접목적격)	временам	[브리미나-ㅁ]
4격 = 대격(직접목적격)	времена	[브리미나-]
5격 = 조격(도구격)	временами	[브리미나-미]
6격 = 전치격	(о) временах	[(아)브리미나-흐]

2. 형용사

◆ 형용사의 격 변화(어미에 의한 격의 변화)

1) 남성 형용사의 격 변화

단수

1격 = 주격		но̇вый	[노-브의] 새로운
2격 = 생격(소유격)		но̇вого	[노-바바]
3격 = 여격(간접목적격)		но̇вому	[노-바무]
4격 = 대격(직접목적격)		но̇вый	[노-브의] (불활동체 명사 수식 시))
		но̇вого	[노-바바] (활동체 명사 수식 시)
5격 = 조격(도구격)		но̇вым	[노-브임]
6격 = 전치격	(о)	но̇вом	[(아)노-밤]

복수

1격 = 주격		но̇вые	[노-브이에]
2격 = 생격(소유격)		но̇вых	[노-브이흐]
3격 = 여격(간접목적격)		но̇вым	[노-브임]
4격 = 대격(직접목적격)		но̇вые	[노-브이에] (불활동체 명사 수식 시)
		новых	[노-브이흐] (활동체 명사 수식 시)
5격 = 조격(도구격)		новыми	[노-브이미]
6격 = 전치격	(о)	новых	[(아)노-브이흐]

		단수
1격 = 주격	молодо́й	[멀라도-이] 젊은
2격 = 생격(소유격)	молодо́го	[멀라도-바]
3격 = 여격(간접목적격)	молодо́му	[멀라도-무]
4격 = 대격(직접목적격)	молодо́й	[멀라도-이] (불활동체 명사 수식 시)
	молодо́го	[멀라도-바] (활동체 명사 수식 시)
5격 = 조격(도구격)	молоды́м	[멀라드-임]
6격 = 전치격	(o) молодо́м	[(아)멀라도-ㅁ]

		복수
1격 = 주격	молоды́е	[멀라드이-에]
2격 = 생격(소유격)	молоды́х	[멀라드이-흐]
3격 = 여격(간접목적격)	молоды́м	[멀라드이-ㅁ]
4격 = 대격(직접목적격)	молоды́е	[멀라드이-에] (불활동체 명사 수식 시)
	молоды́х	[멀라드이-흐] (활동체 명사 수식 시)
5격 = 조격(도구격)	молоды́ми	[멀라드이-미]
6격 = 전치격	(o) молоды́х	[(아)멀라드이-흐]

		단수
1격 = 주격	хоро́ший	[하로-쉬이] 좋은
2격 = 생격(소유격)	хоро́шего	[하로-쉐바]
3격 = 여격(간접목적격)	хоро́шему	[하로-쉐무]
4격 = 대격(직접목적격)	хоро́ший	[하로-쉬이] (불활동체 명사 수식 시)
	хоро́шего	[하로-쉐바] (활동체 명사 수식 시)
5격 = 조격(도구격)	хоро́шим	[하로-쉼]
6격 = 전치격	(o) хоро́шем	[(아)하로-쉠]

		복수
1격 = 주격	хоро́шие	[하로-쉬에]
2격 = 생격(소유격)	хоро́ших	[하로-쉬흐]
3격 = 여격(간접목적격)	хоро́шим	[하로-쉼]
4격 = 대격(직접목적격)	хоро́шие	[하로-쉬에] (불활동체 명사 수식 시)
	хоро́ших	[하로-쉬흐] (활동체 명사 수식 시)

5격 = 조격(도구격) хорòшими [하로-쉬미]
6격 = 전치격 (о) хорòших [(아)하로-쉬흐]

단수

1격 = 주격 сѝний [씨-니이] 푸른
2격 = 생격(소유격) сѝнего [씨-네바]
3격 = 여격(간접목적격) сѝнему [씨-네무]
4격 = 대격(직접목적격) сѝний [씨-니이] (불활동체 명사 수식 시)
сѝнего [씨-네바] (활동체 명사 수식 시)
5격 = 조격(도구격) сѝним [씨-님]
6격 = 전치격 (о) сѝнем [(아)씨-넴]

복수

1격 = 주격 сѝние [씨-니에]
2격 = 생격(소유격) сѝних [씨-니흐]
3격 = 여격(간접목적격) сѝним [씨-님]
4격 = 대격(직접목적격) сѝние [씨-니에] (불활동체 명사 수식 시)
сѝних [씨-니흐] (활동체 명사 수식 시)
5격 = 조격(도구격) сѝними [씨-니미]
6격 = 전치격 (о) сѝних [(아)씨-니흐]

2) 여성 형용사의 격 변화(어미에 의한 격의 변화)

단수

1격 = 주격 нòвая [노-바야] 새로운
2격 = 생격(소유격) нòвой [노-바이]
3격 = 여격(간접목적격) нòвой [노-바이]
4격 = 대격(직접목적격) нòвую [노-부유]
5격 = 조격(도구격) нòвой [노-바이]
6격 = 전치격 (о) нòвой [(아)노-바이]

		복수
1격 = 주격	но̇вые	[노-브이에]
2격 = 생격(소유격)	но̇вых	[노-브이흐]
3격 = 여격(간접목적격)	но̇вым	[노-브임]
4격 = 대격(직접목적격)	но̇вые	[노-브이에] (불활동체 명사 수식 시)
	но̇вых	[노-브이흐] (활동체 명사 수식 시)
5격 = 조격(도구격)	но̇выми	[노-브이미]
6격 = 전치격	(о) но̇вых	[(아)노-브이흐]

		단수
1격 = 주격	молода̇я	[멀라다-야] 젊은
2격 = 생격(소유격)	молодо̇й	[멀라도-이]
3격 = 여격(간접목적격)	молодо̇й	[멀라도-이]
4격 = 대격(직접목적격)	молоду̇ю	[멀라두-유]
5격 = 조격(도구격)	молодо̇й	[멀라도-이]
6격 = 전치격	(о) молодо̇й	[(아)멀라도-이]

		복수
1격 = 주격	молоды̇е	[멀라드이-에]
2격 = 생격(소유격)	молоды̇х	[멀라드이-흐]
3격 = 여격(간접목적격)	молоды̇м	[멀라드이-ㅁ]
4격 = 대격(직접목적격)	молоды̇е	[멀라드이-에] (불활동체 명사 수식 시)
	молоды̇х	[멀라드이흐] (활동체 명사 수식 시)
5격 = 조격(도구격)	молоды̇ми	[멀라드이-미]
6격 = 전치격	(о) молоды̇х	[(아)멀라드이-흐]

		단수
1격 = 주격	хоро̇шая	[하로-샤야] 좋은
2격 = 생격(소유격)	хоро̇шей	[하로-쉐이]
3격 = 여격(간접목적격)	хоро̇шей	[하로-쉐이]
4격 = 대격(직접목적격)	хоро̇шую	[하로-슈유]
5격 = 조격(도구격)	хоро̇шей	[하로-쉐이]
6격 = 전치격	(о) хоро̇шей	[(아)하로-쉐이]

복수

1격 = 주격	хоро́шие	[하로-쉬에]
2격 = 생격(소유격)	хоро́ших	[하로-쉬흐]
3격 = 여격(간접목적격)	хоро́шим	[하로-쉼]
4격 = 대격(직접목적격)	хоро́шие	[하로-쉬에] (불활동체 명사 수식 시)
	хоро́ших	[하로-쉬흐] (활동체 명사 수식 시)
5격 = 조격(도구격)	хоро́шими	[하로-쉬미]
6격 = 전치격	(о) хоро́ших	[(아)하로-쉬흐]

단수

1격 = 주격	си́няя	[씨-냐야] 푸른(청색의)
2격 = 생격(소유격)	си́ней	[씨-네이]
3격 = 여격(간접목적격)	си́ней	[씨-네이]
4격 = 대격(직접목적격)	си́нюю	[씨-뉴유]
5격 = 조격(도구격)	си́ней	[씨-네이]
6격 = 전치격	(о) си́ней	[(아)씨-네이]

복수

1격 = 주격	си́ние	[씨-니에]
2격 = 생격(소유격)	си́них	[씨-니흐]
3격 = 여격(간접목적격)	си́ним	[씨-님]
4격 = 대격(직접목적격)	си́ние	[씨-니에] (불활동체 명사 수식 시)
	си́них	[씨-니흐] (활동체 명사 수식 시)
5격 = 조격(도구격)	си́ними	[씨-니미]
6격 = 전치격	(о) си́них	[(아)씨-니흐]

3) 중성 형용사의 격 변화(어미에 의한 격의 변화)

			단수
1격 = 주격		но̇вое	[노-바에] 새로운
2격 = 생격(소유격)		но̇вого	[노-바바]
3격 = 여격(간접목적격)		но̇вому	[노-바무]
4격 = 대격(직접목적격)		но̇вое	[노-바에]
5격 = 조격(도구격)		но̇вым	[노-브임]
6격 = 전치격	(о)	но̇вом	[(아)노-밤]

			복수
1격 = 주격		но̇вые	[노-브이에]
2격 = 생격(소유격)		но̇вых	[노-브이흐]
3격 = 여격(간접목적격)		но̇вым	[노-브임]
4격 = 대격(직접목적격)		но̇вые	[노-브이에] (불활동체 명사 수식 시)
		но̇вых	[노-브이흐] (활동체 명사 수식 시)
5격 = 조격(도구격)		но̇выми	[노-브이미]
6격 = 전치격	(о)	но̇вых	[(아)노-브이흐]

			단수
1격 = 주격		молодо̇е	[멀라도-에] 젊은
2격 = 생격(소유격)		молодо̇го	[멀라도-바]
3격 = 여격(간접목적격)		молодо̇му	[멀라도-무]
4격 = 대격(직접목적격)		молодо̇е	[멀라도-에]
5격 = 조격(도구격)		молоды̇м	[멀라드이-ㅁ]
6격 = 전치격	(о)	молодо̇м	[(아)멀라도-ㅁ]

복수

1격 = 주격	молодые	[멀라드이-에]
2격 = 생격(소유격)	молодых	[멀라드이-흐]
3격 = 여격(간접목적격)	молодым	[멀라드이-ㅁ]
4격 = 대격(직접목적격)	молодые	[멀라드이-에] (불활동체 명사 수식 시)
	молодых	[멀라드-이흐] (활동체 명사 수식 시)
5격 = 조격(도구격)	молодыми	[멀라드이-미]
6격 = 전치격	(о) молодых	[(아)멀라드이-흐]

단수

1격 = 주격	хоро̇шее	[하로-쉐에] 좋은
2격 = 생격(소유격)	хоро̇шего	[하로-쉐바]
3격 = 여격(간접목적격)	хоро̇шему	[하로-쉐무]
4격 = 대격(직접목적격)	хоро̇шее	[하로-쉐에]
5격 = 조격(도구격)	хоро̇шим	[하로-쉼]
6격 = 전치격	(о) хоро̇шем	[(아)하로-쉠]

복수

1격 = 주격	хоро̇шие	[하로-쉬에] 좋은
2격 = 생격(소유격)	хоро̇ших	[하로-쉬흐]
3격 = 여격(간접목적격)	хоро̇шим	[하로-쉼]
4격 = 대격(직접목적격)	хоро̇шие	[하로-쉬에] (불활동체 명사 수식 시)
	хоро̇ших	[하로-쉬흐] (활동체 명사 수식 시)
5격 = 조격(도구격)	хоро̇шими	[하로-쉬미]
6격 = 전치격	(о) хоро̇ших	[(아)하로-쉬흐]

		단수
1격 = 주격	синее	[씨-네에] 푸른(청색의)
2격 = 생격(소유격)	синего	[씨-네바]
3격 = 여격(간접목적격)	синему	[씨-네무]
4격 = 대격(직접목적격)	синее	[씨-네에]
5격 = 조격(도구격)	синим	[씨-님]
6격 = 전치격	(о) синем	[(아)씨-넴]

		복수
1격 = 주격	синие	[씨-니에]
2격 = 생격(소유격)	синих	[씨-니흐]
3격 = 여격(간접목적격)	синим	[씨-님]
4격 = 대격(직접목적격)	синие	[씨-니에] (불활동체 명사 수식 시)
	синих	[씨-니흐] (활동체 명사 수식 시)
5격 = 조격(도구격)	синими	[씨-니미]
6격 = 전치격	(о) синих	[(아)씨-니흐]

3. 부사

◆ 형용사의 부사화

1) 많은 부사가 형용사에서 만들어진다. 즉, 형용사 어미를 떼어내, 그 자리에 –о 어미를 붙여서 부사가 만들어진다.

예를 들어,

хоро̇ший 좋은 → хорошо̇ 좋게, 좋다(술어적 부사), 잘
[하로-쉬이] [허라쇼-]

плохо̇й 나쁜 → пло̇хо 나쁘게, 나쁘다(술어적 부사), 서투르게
[쁠라호-이] [쁠로-하]

● 형용사 어미가 -о̇йр로 끝날 때, 모두 -о-에 역점(강세)이 있다.

интере̇сный 재미있는 → интере̇сно 재미있게, 재미있다(술어적 부사)
[인찌리에-쓰느이] [인찌리에-쓰나]

тёплый 따뜻한 → тепло̇ 따뜻하게, 따뜻하다(술어적 부사)
[쬬-플르이] [찌플로-]

горя̇чий 뜨거운 → горячо̇ 뜨겁게, 뜨겁다 (술어적 부사)
[가랴-취이] [가리쵸-]

жа̇ркий 무더운 → жа̇рко 무덥게, 무덥다(술어적 부사)
[좌-르끼이] [좌-르까]

холо̇дный 찬, 주운 → хо̇лодно 차게, 춥게, 차다, 춥다(술어적 부사)
[할로-드느이] [호-르라드나]

сла̇дкий 달콤한 → сла̇дко 달콤하게, 달콤하다(술어적 부사)
[슬라-트끼이] [슬라-트까]

го̇рький 매운 → го̇рько 맵게, 맵다(술어적 부사)
[고-리끼이] [고-리까]

широ̇кий 넓은 → широко̇ 넓게, 넓다(술어적 부사)
[쉬로-끼이] [쉬라꼬-]

те̇сный (비)좁은, 협소한, 거북한, 답답한 → те̇сно 좁게, (비)좁다(술어적 부사)
[찌에-쓰느이] [찌에-쓰나]

гро̇мкий (목소리가) 큰 → гро̇мко (목소리를) 크게, 크다(술어적 부사)
[그로-ㅁ끼이] [그로-ㅁ까]

ти̇хий 고요한, 조용한 → ти̇хо 고요하게, 조용하게, 조용하다(술어적 부사)
[찌-히이] [찌-하]

краси̇вый 아름다운, 예쁜 → краси̇во 아름답게, 아름답다(술어적 부사)
[끄라씨-브이] [끄라씨-바]

некраси̇вый 아름답지 않은, 미운 → некраси̇во 예쁘지 않게, 추하게,
[니끄라씨-브이] [니끄라씨-바] 밉다(술어적 부사)

прекра̇сный 훌륭한, 아주 좋은 [쁘리끄라-쓰느이]	→	**прекра̇сно** 훌륭하게, 아주 잘, [쁘리끄라-쓰나] 훌륭하다(술어적 부사)

2) 부사의 단일 비교급과 합성 비교급

2-1) 단일 비교급

※ 형용사와 이 형용사에서 파생한 부사의 비교급은 대부분 그 형태가 같고, **-ее** 또는 **-ей**어미를 지닌다. 이러한 형태의 비교급을 '단일 비교급'이라 한다.

원급		비교급
я̇сный 밝은, 명확한	**ясне̇е,**	**ясне̇й** 더 밝은, 더 명확한
[야-쓰느이]	[이쓰네-에]	[이쓰네-이]
я̇сно 밝게, 명확히	**ясне̇е,**	**ясне̇й** 더 밝게, 더 명확히
[야-쓰나]	[이쓰네-에]	[이쓰네-이]

※ 형용사와 부사의 비교급에는 어미가 -е로 끝나는 것들이 있으며, 어간의 자음이 바뀔 때가 많다. 즉, 음운 교체 현상이 일어난다.

원급	비교급
гро̇мкий (목소리가) 큰	**гро̇мче** (목소리가) 더 큰, 더 큰 소리의
[그로-ㅁ끼이]	[그로-ㅁ췌]
гро̇мко (목소리를) 크게	**гро̇мче** (목소리를) 더 크게, 더 큰 소리로
[그로-ㅁ까]	[그로-ㅁ췌]
ти̇хий 조용한	**ти̇ше** 더 조용한
[찌-히이]	[찌-쉐]
ти̇хо 조용하게	**ти̇ше** 더 조용하게
[찌-하]	[찌-쉐]

※ 형용사와 부사의 비교급 중에는 원급과 다른 형태의 어근을 갖는 것들이 약간 있다. 즉, 불규칙한 형태의 어근 교체 현상에 해당한다.

원급	비교급
хорóший 좋은	**лýчше** 더 좋은
[하로-쉬이]	[루-츠쉐]
хорошó 좋게, 잘	**лýчше** 더 좋게, 더 잘
[하로-쉬이]	[루-츠쉐]

2-2) 합성 비교급

※ 형용사나 부사의 비교급을 원급 앞에 более(보다 더), менее(보다 덜)을 덧붙여서 만들 수 있다. 이런 비교급을 '합성 비교급'이라 한다.

원급	합성비교급
интерéсный 재미있는	**бóлее интерéсный** 더 재미있는
[인찌리에-쓰느이]	[보-ㄹ레에 인찌리에-쓰느이]
	мéнее интерéсный 덜 재미있는
	[미에-네에 인찌리에-쓰느이]
интерéсно 재미있게	**бóлее интерéсно** 더 재미있게,
[인찌리에-쓰나]	[보-ㄹ레에 인찌리에-쓰나]
	мéнее интерéсно 덜 재미있게,
	[미에-네에 인찌리에-쓰나]

4. 의문대명사

◆ 의문대명사의 격 변화

1) 의문대명사 кто [크또-] 누구(사람, 동물)의 격 변화

		단수	
1격 = 주격	кто	[크또-]	누가
2격 = 생격(소유격)	кого̇	[까보-]	누구의
3격 = 여격(간접목적격)	кому̇	[까무-]	누구에게
4격 = 대격(직접목적격)	кого̇	[까보-]	누구를
5격 = 조격(도구격)	кем	[끼에-ㅁ]	누구에 의해서
6격 = 전치격	(о) ком	[(아)꼬-ㅁ]	누구에 대해서

2) 의문대명사 что [쉬또-] 무엇(사물)의 격 변화

		단수	
1격 = 주격	что	[쉬또-]	무엇이
2격 = 생격(소유격)	чего̇	[취보-]	무엇의
3격 = 여격(간접목적격)	чему̇	[취무-]	무엇에게
4격 = 대격(직접목적격)	что	[쉬또-]	무엇을
5격 = 조격(도구격)	чем	[췌-ㅁ]	무엇으로
6격 = 전치격	(о) чём	[(아)쵸-ㅁ]	무엇에 대해서

5. 소유대명사

◆ 소유대명사의 격 변화

소유대명사

мой, моя̇, моё, мои̇(나의),
твой, твоя̇, твоё, твои̇(너의),
наш, на̇ша, на̇ше, на̇ши(우리의),
ваш, ва̇ша, ва̇ше, ва̇ши(당신(들)의

1-1) 남성 소유대명사 мой의 격 변화

단수

1격 = 주격	мой	[모-이]	나의	(-은)
2격 = 생격(소유격)	моего̇	[마이보-]	나의	(-의)
3격 = 여격(간접목적격)	моему̇	[마이무-]	나의	(-에게)
4격 = 대격(직접목적격)	мой	[모-이]	나의	(-을)
	моего̇	[마이보-]	나의	(-을)
5격 = 조격(도구격)	мои̇м	[마이-ㅁ]	나의	(-에 의해서)
6격 = 전치격	(о) моём	[(아)마요-ㅁ]	나의	(-에 대해서)

복수

1격 = 주격	мои̇	[마이-]	나의	(-들은)
2격 = 생격(소유격)	мои̇х	[마이-흐]	나의	(-들의)
3격 = 여격(간접목적격)	мои̇м	[마이-ㅁ]	나의	(-들에게)
4격 = 대격(직접목적격)	мои̇	[마이-]	나의	(-들을)
	мои̇х	[마이-흐]	나의	(-들을)

5격 = 조격(도구격) мои́ми [마이-미] 나의 (-들에 의해서)
6격 = 전치격 (о) мои́х [(아)마이-흐] 나의 (-들에 대해서)

1-2) 여성 소유대명사 моя́의 격 변화

단수

1격 = 주격 моя́ [마야-] 나의 (-을)
2격 = 생격(소유격) мое́й [마에-이] 나의 (-의)
3격 = 여격(간접목적격) мое́й [마에-이] 나의 (-에게)
4격 = 대격(직접목적격) мою́ [마유-] 나의 (-을)
5격 = 조격(도구격) мое́й [마에-이] 나의 (-에 의해서))
6격 = 전치격 (о) мое́й [(아)마에-이] 나의 (-에 대해서)

복수

1격 = 주격 мои́ [마이-] 나의 (-들은)
2격 = 생격(소유격) мои́х [마이-흐] 나의 (-들의)
3격 = 여격(간접목적격) мои́м [마이-ㅁ] 나의 (-들에게)
4격 = 대격(직접목적격) мои́ [마이-] 나의 (-들을)
мои́х [마이-흐] 나의 (-들을)
5격 = 조격(도구격) мои́ми [마이-미] 나의 (-들에 의해서)
6격 = 전치격 (о) мои́х [(아)마이-흐] 나의 (-들에 대해서)

1-3) 중성 소유대명사 моё의 격 변화

단수

1격 = 주격 моё [마요-] 나의 (-은)
2격 = 생격(소유격) моего́ [마이보-] 나의 (-의)
3격 = 여격(간접목적격) моему́ [마이무-] 나의 (-게)
4격 = 대격(직접목적격) моё [마요-] 나의 (-을)
5격 = 조격(도구격) мои́м [마이-ㅁ] 나의 (-에 의해서)
6격 = 전치격 (о) моём [(아)마요-ㅁ] 나의 (-에 대해서)

복수

1격 = 주격	мой	[마이-]	나의	(-들은)
2격 = 생격(소유격)	моих	[마이-흐]	나의	(-들의)
3격 = 여격(간접목적격)	моим	[마이-ㅁ]	나의	(-들에게)
4격 = 대격(직접목적격)	мой	[마이-]	나의	(-들을)
	моих	[마이-흐]	나의	(-들을)
5격 = 조격(도구격)	моими	[마이-미]	나의	(-들에 의해서)
6격 = 전치격	(о) моих	[(아)마이-흐]	나의	(-들에 대해서)

2-1) 남성 소유대명사 твой의 격 변화

단수

1격 = 주격	твой	[뜨보-이]	너의	(-은)
2격 = 생격(소유격)	твоего́	[뜨바이보-]	너의	(-의)
3격 = 여격(간접목적격)	твоему	[뜨바이무-]	너의	(-에게)
4격 = 대격(직접목적격)	твой	[뜨보-이]	너의	(-을)
	твоего́	[뜨바이보-]	너의	(-을)
5격 = 조격(도구격)	твоим	[뜨바이-ㅁ]	너의	(-에 의해서)
6격 = 전치격	(о) твоём	[(아)뜨바요-ㅁ]	너의	(-에 대해서)

복수

1격 = 주격	твой	[뜨바이-]	너의	(-들은)
2격 = 생격(소유격)	твоих	[뜨바이-흐]	너의	(-들의)
3격 = 여격(간접목적격)	твоим	[뜨바이-ㅁ]	너의	(-들에게)
4격 = 대격(직접목적격)	твой	[뜨바이-]	너의	(-들을)
	твоих	[뜨바이-흐]	너의	(-들을)
5격 = 조격(도구격)	твоими	[뜨바이-미]	너의	(-들에 의해서)
6격 = 전치격	(о) твоих	[(아)뜨바이-흐]	너의	(-들에 대해서)

2-2) 여성 소유대명사 твоя의 격 변화

단수

1격 = 주격		твоя̇	[뜨바야-]	너의 (-은)
2격 = 생격(소유격)		твое̇й	[뜨바에-이]	너의 (-의)
3격 = 여격(간접목적격)		твое̇й	[뜨바에-이]	너의 (-에게)
4격 = 대격(직접목적격)		твою̇	[뜨바유-]	너의 (-을)
5격 = 조격(도구격)		твое̇й	[뜨바에-이]	너의 (-에 의해서)
6격 = 전치격	(о)	твое̇й	[(아)뜨바에-이]	너의 (-에 대해서)

복수

1격 = 주격		твои̇	[뜨바이-]	너의 (-들은)
2격 = 생격(소유격)		твои̇х	[뜨바이-흐]	너의 (-들의)
3격 = 여격(간접목적격)		твои̇м	[뜨바이-ㅁ]	너의 (-들에게)
4격 = 대격(직접목적격)		твои̇	[뜨바이-]	너의 (-들을)
		твои̇х	[뜨바이-흐]	너의 (-들을)
5격 = 조격(도구격)		твои̇ми	[뜨바이-미]	너의 (-들에 의해서)
6격 = 전치격	(о)	твои̇х	[뜨바이-흐]	너의 (-들에 대해서)

2-3) 중성 소유대명사 твоё의 격 변화

단수

1격 = 주격		твоё	[뜨바요-]	너의 (-은)
2격 = 생격(소유격)		твоего̇	[뜨바이보-]	너의 (-의)
3격 = 여격(간접목적격)		твоему̇	[뜨바이무-]	너의 (-에게)
4격 = 대격(직접목적격)		твоё	[뜨바요-]	너의 (-을)
5격 = 조격(도구격)		твои̇м	[뜨바이-ㅁ]	너의 (-에 의해서)
6격 = 전치격	(о)	твоём	[(아)뜨바요-ㅁ]	너의 (-들에 대해서)

복수

1격 = 주격	твои̇	[뜨바이-]	너의	(-들은)
2격 = 생격(소유격)	твои̇х	[뜨바이-흐]	너의	(-들의)
3격 = 여격(간접목적격)	твои̇м	[뜨바이-ㅁ]	너의	(-들에게)
4격 = 대격(직접목적격)	твои̇	[뜨바이-]	너의	(-들을)
	твои̇х	[뜨바이-흐]	너의	(-들을)
5격 = 조격(도구격)	твои̇ми	[뜨바이-미]	너의	(-들에 의해서)
6격 = 전치격	(о) твои̇х	[(아)뜨바이-흐]	너의	(-들에 대해서)

3-1) 남성 소유대명사 наш의 격 변화

단수

1격 = 주격	наш	[나-쉬]	우리들의	(-은)
2격 = 생격(소유격)	на̇шего	[나-쉐바]	우리들의	(-의)
3격 = 여격(간접목적격)	на̇шему	[나-쉐무-]	우리들의	(-에게)
4격 = 대격(직접목적격)	наш	[나-쉬]	우리들의	(-을)
	на̇шего	[나-쉐바]	우리들의	(-을)
5격 = 조격(도구격)	на̇шим	[나-쉼]	우리들의	(-에 의해서)
6격 = 전치격	(о) на̇шем	[(아)나-쉠]	우리들의	(-에 대해서)

복수

1격 = 주격	на̇ши	[나-쉬]	우리들의	(-들은)
2격 = 생격(소유격)	на̇ших	[나-쉬흐]	우리들의	(-들의)
3격 = 여격(간접목적격)	на̇шим	[나-쉼]	우리들의	(-들에게)
4격 = 대격(직접목적격)	на̇ши	[나-쉬]	우리들의	(-들을)
	на̇ших	[나-쉬흐]	우리들의	(-들을)
5격 = 조격(도구격)	на̇шими	[나-쉬미]	우리들의	(-에 의해서)
6격 = 전치격	(о) на̇ших	[(아)나-쉬흐]	우리들의	(-에 대해서)

3-2) 여성 소유대명사 наша의 격 변화

단수

1격 = 주격		на̇ша	[나-샤]	우리들의	(-은)
2격 = 생격(소유격)		на̇шей	[나-쉐이]	우리들의	(-의)
3격 = 여격(간접목적격)		на̇шей	[나-쉐이]	우리들의	(-에게)
4격 = 대격(직접목적격)		на̇шу	[나-슈]	우리들의	(-을)
5격 = 조격(도구격)		на̇шей	[나-쉐이]	우리들의	(-에 의해서)
6격 = 전치격	(о)	на̇шей	[(아)나-쉐이]	우리들의	(-에 대해서)

복수

1격 = 주격		на̇ши	[나-쉬]	우리들의	(-들은)
2격 = 생격(소유격)		на̇ших	[나-쉬흐]	우리들의	(-들의)
3격 = 여격(간접목적격)		на̇шим	[나-쉼]	우리들의	(-들에게)
4격 = 대격(직접목적격)		на̇ши	[나-쉬]	우리들의	(-들을)
		на̇ших	[나-쉬흐]	우리들의	(-들을)
5격 = 조격(도구격)		на̇шими	[나-쉬미]	우리들의	(-들에 의해서)
6격 = 전치격	(о)	на̇ших	[(아)나-쉬흐]	우리들의	(-들에 대해서)

3-3) 중성 소유대명사 на̇ше의 격 변화

단수

1격 = 주격		на̇ше	[나-쉐]	우리들의	(-은)
2격 = 생격(소유격)		на̇шего	[나-쉐바]	우리들의	(-의)
3격 = 여격(간접목적격)		на̇шему	[나-쉐무-]	우리들의	(-에게)
4격 = 대격(직접목적격)		на̇ше	[나-쉐]	우리들의	(-을)
5격 = 조격(도구격)		на̇шим	[나-쉼]	우리들의	(-에 의해서)
6격 = 전치격	(о)	на̇шем	[(아)나-쉠]	우리들의	(-에 대해서)

복수

1격 = 주격	на̀ши	[바-쉬]	우리(들)의 (-들은)
2격 = 생격(소유격)	на̀ших	[바-쉬흐]	우리(들)의 (-들의)
3격 = 여격(간접목적격)	на̀шим	[바-쉼]	우리(들)의 (-들에게)
4격 = 대격(직접목적격)	на̀ши	[바-쉬]	우리(들)의 (-들을)
	на̀ших	[바-쉬흐]	우리(들)의 (-들을)
5격 = 조격(도구격)	на̀шими	[바-쉬미]	우리(들)의 (-들에 의해서)
6격 = 전치격	(о) на̀ших	[(아)바-쉬흐]	우리(들)의 (-들에 대해서)

4-1) 남성 소유대명사 ваш의 격 변화

단수

1격 = 주격	ваш	[바-쉬]	당신(들)의 (-은)
2격 = 생격(소유격)	ва̀шего	[바-쉐바]	당신(들)의 (-의)
3격 = 여격(간접목적격)	ва̀шему	[바-쉐무-]	당신(들)의 (-에게)
4격 = 대격(직접목적격)	ваш	[바-쉬]	당신(들)의 (-을)
	ва̀шего	[바-쉐바]	당신(들)의 (-을)
5격 = 조격(도구격)	ва̀шим	[바-쉼]	당신(들)의 (-에 의해서)
6격 = 전치격	(о) ва̀шем	[(아)바-쉠]	당신(들)의 (-에 대해서)

복수

1격 = 주격	ва̀ши	[바-쉬]	당신(들)의 (-들은)
2격 = 생격(소유격)	ва̀ших	[바-쉬흐]	당신(들)의 (-들의)
3격 = 여격(간접목적격)	ва̀шим	[바-쉼]	당신(들)의 (-들에게)
4격 = 대격(직접목적격)	ва̀ши	[바-쉬]	당신(들)의 (-들을)
	ва̀ших	[바-쉬흐]	당신(들)의 (-들을)
5격 = 조격(도구격)	ва̀шими	[바-쉬미]	당신(들)의 (-들에 의해서)
6격 = 전치격	(о) ва̀ших	[(아)바-쉬흐]	당신(들)의 (-들에 대해서)

4-2) 여성 소유대명사 ваша의 격 변화

단수

1격 = 주격		ва̀ша	[바-샤]	당신(들)의 (-은)
2격 = 생격(소유격)		ва̀шей	[바-쉐이]	당신(들)의 (-의)
3격 = 여격(간접목적격)		ва̀шей	[바-쉐이]	당신(들)의 (-에게)
4격 = 대격(직접목적격)		ва̀шу	[바-슈]	당신(들)의 (-을)
5격 = 조격(도구격)		ва̀шей	[바-쉐이]	당신(들)의 (-에 의해서)
6격 = 전치격	(о)	ва̀шей	[(아)바-쉐이]	당신(들)의 (-에 대해서)

복수

1격 = 주격		ва̀ши	[바-쉬]	당신(들)의 (-들은)
2격 = 생격(소유격)		ва̀ших	[바-쉬흐]	당신(들)의 (-들의)
3격 = 여격(간접목적격)		ва̀шим	[바-쉼]	당신(들)의 (-들에게)
4격 = 대격(직접목적격)		ва̀ши	[바-쉬]	당신(들)의 (-들을)
		ва̀ших	[바-쉬흐]	당신(들)의 (-들을)
5격 = 조격(도구격)		ва̀шими	[바-쉬미]	당신(들)의 (-들에 의해서)
6격 = 전치격	(о)	ва̀ших	[(아)바-쉬흐]	당신(들)의 (-들에 대해서)

4-3) 중성 소유대명사 ва̀ше의 격 변화

단수

1격 = 주격		ва̀ше	[바-쉐]	당신(들)의 (-은)
2격 = 생격(소유격)		ва̀шего	[바-쉐바]	당신(들)의 (-의)
3격 = 여격(간접목적격)		ва̀шему	[바-쉐무-]	당신(들)의 (-에게)
4격 = 대격(직접목적격)		ва̀ше	[바-쉐]	당신(들)의 (-을)
5격 = 조격(도구격)		ва̀шим	[바-쉼]	당신(들)의 (-에 의해서)
6격 = 전치격	(о)	ва̀шем	[(아)바-쉠]	당신(들)의 (-에 대해서)

복수

1격 = 주격		ва̇ши	[바-쉬]	당신(들)의	(-들은)
2격 = 생격(소유격)		ва̇ших	[바-쉬흐]	당신(들)의	(-들의)
3격 = 여격(간접목적격)		ва̇шим	[바-쉼]	당신(들)의	(-들에게)
4격 = 대격(직접목적격)		ва̇ши	[바-쉬]	당신(들)의	(-들을)
		ва̇ших	[바-쉬흐]	당신(들)의	(-들을)
5격 = 조격(도구격)		ва̇шими	[바-쉬미]	당신(들)의	(-들에 의해서)
6격 = 전치격	(о)	ва̇ших	[(아)바-쉬흐]	당신(들)의	(-들에 대해서)

- он(그이, 그것)와 оно̇(그것)의 소유대명사 его̇(그의, 그것의), она̇(그녀, 그것)의 소유대명사 её(그녀의, 그것의), они̇(그들, 그것들)의 소유대명사 их(그들의, 그것들의)는 격 변화(어미변화)를 하지 않는다.

6. 인칭대명사

◆ 인칭대명사의 격 변화

1) 1인칭 단수 대명사 **я**와 복수 대명사 **мы**의 격 변화

		단수	
1격 = 주격	я	[야-]	나는, 내가
2격 = 생격(소유격)	меня́	[미냐-]	나의
3격 = 여격(간접목적격)	мне	[므니에-]	나에게
4격 = 대격(직접목적격)	меня́	[미냐-]	나를
5격 = 조격(도구격)	мной	[므노-이]	나에 의해서
6격 = 전치격	(обо) мне	[(아바)므녜-]	나에 대해서
		복수	
1격 = 주격	мы	[므이-]	우리는, 우리가
2격 = 생격(소유격)	нас	[나-쓰]	우리의
3격 = 여격(간접목적격)	нам	[나-ㅁ]	우리에게
4격 = 대격(직접목적격)	нас	[나-쓰]	우리를
5격 = 조격(도구격)	на́ми	[나-미]	우리에 의해서
6격 = 전치격	(о) нас	[(아)나-쓰]	우리에 대해서

2) 2인칭 단수 인칭대명사 ты와 복수 인칭대명사 вы의 격 변화

단수

1격 = 주격	ты	[뜨이–]	너는, 네가
2격 = 생격(소유격)	тебя̇	[찌비아–]	너의
3격 = 여격(간접목적격)	тебе̇	[찌비에–]	너에게
4격 = 대격(직접목적격)	тебя̇	[찌비아–]	너를
5격 = 조격(도구격)	тобо̇й	[따보–이]	너에 의해서
6격 = 전치격	(о) тебе̇	[(아)찌비에–]	너에 대해서

복수

1격 = 주격	вы	[브이–]	당신(들)은, 너희들은
2격 = 생격(소유격)	вас	[바–쓰]	당신(들)의, 너희들의
3격 = 여격(간접목적격)	вам	[바–ㅁ]	당신(들)에게, 너희들에게
4격 = 대격(직접목적격)	вас	[바–쓰]	당신(들)을, 너희들을
5격 = 조격(도구격)	ва̇ми	[바–미]	당신(들)에 의해서, 너희들에 의해서
6격 = 전치격	(о) вас	[(아)바–쓰]	당신(들)에 대해서, 너희들에 대해서

3) 3인칭 단수

(1) 남성 인칭대명사 он과
(2) 여성 인칭대명사 она̇와
(3) 중성 인칭대명사 оно̇ 및
이 3성 공통의 복수 인칭대명사 они̇의 격 변화

※ 인칭대명사는 문맥에 따라 지시대명사의 기능도 한다.

3-1) 3인칭 단수 남성 인칭대명사 он의 격 변화

1격 = 주격	он [오-ㄴ] 그는, 그가
2격 = 생격(소유격)	его̇ [이보-] 그의 * у него̇ [우니보-] У него̇ (дом). [우니보- 도-ㅁ] 그는 (집)을 가지고 있다. (그에게는 (집)이 있다.) 전치사 у + он의 생격 его̇에 н 첨가
3격 = 여격(간접목적격)	ему̇ [이무-] 그에게 * к нему̇ [크니무-] (Я иду) к нему̇. [야- 이두- 크니무-] (나는) 그에게 (걸어가고 있다.) 전치사 к + он의 여격 ему̇에 н 첨가
4격 = 대격(직접목적격)	его̇ [이보-] 그를 * на него̇ [나니보-] (Они похожи) на него̇. [아니- 빠호-쥐 나니보-] (그들은) 그를 (닮았다). 전치사 на + он의 대격 его̇에 н 첨가
5격 = 조격(도구격)	им [이-ㅁ] с ним [스니-ㅁ] Что с ним? [쉬또-스니-ㅁ] 그가 어떻게 되었나요?(그에게 무슨 일이 생겼나요?) 전치사 с + он의 조격 им에 н 첨가
6격 = 전치격	(о) нём [(아)뇨-ㅁ] 그에 대해서

3-2) 3인칭 단수 여성 인칭대명사 онa의 격 변화

1격 = 주격	онȧ	[아나-] 그녀는, 그녀가
2격 = 생격(소유격)	её	[이요-] 그녀의 * у неё [우니요-]
3격 = 여격(간접목적격)	ей	[예-이] 그녀에게 * к ней [크니에-이]
4격 = 대격(직접목적격)	её	[이요-] 그녀를 * на неё [나니요-]
5격 = 조격(도구격)	ей	[예-이] 그녀에 의해서 * с ней [스니에-이]
6격 = 전치격	(о) ней	[(아)니에-이] 그녀에 대해서

3-3) 3인칭 단수 중성 인칭대명사 онȯ의 격 변화

1격 = 주격	онȯ	[아노-] 그것은, 그것이
2격 = 생격(소유격)	егȯ	[이보-] 그것의 * у него [우니보-]
3격 = 여격(간접목적격)	емẏ	[이무-] 그것에게 * к нему [크니무-]
4격 = 대격(직접목적격)	егȯ	[이보-] 그것을 * на него [나니보-]
5격 = 조격(도구격)	им	[이-ㅁ] 그것에 의해서 * с ним [스니-ㅁ]
6격 = 전치격	(о) нём	[(아)뇨-ㅁ] 그것에 (대해서)

3-4) он, онȧ, онȯ 3성 공통의 복수 인칭대명사 они의 격 변화

1격 = 주격 онй [아니-] 그들은, 그들이

2격 = 생격(소유격)
их [이-흐] 그들의
* у них
У них (дом). [우니-흐 도-ㅁ]
그들은 (집)을 가지고 있다.

3격 = 여격(간접목적격)
им [이-ㅁ] 그들에게
* к ним [크니-ㅁ]
(Я иду) к ним. [야- 이두- 크니-ㅁ]
(나는) 그들에게 (걸어가고 있다.)

4격 = 대격(직접목적격)

их [이-흐] 그들을
* на них [나니-흐]
(Он похож) на них.
[오-ㄴ 빠호-쉬 나니-흐] (그는) 그들을 (닮았다.)

5격 = 조격(도구격)

и́ми [이-미] 그들에 의해서
* с ни́ми [스니-미]
Что с ни́ми? [쉬또-스니-미]
그들이 어떻게 되었나요? (그들에게 무슨 일이 생겼나요?)

6격 = 전치격

(о) них [(아)니-흐] 그들에 대해서

7. 기타 대명사

◆ **기타 대명사의 격 변화**

기타 대명사(지시대명사, 정대명사, 의문대명사, 재귀대명사)

1) 지시대명사

э̇тот, э̇та, э̇то, 이 (사람, 동물), 이(것, 사물), э̇ти 이 (사람들, 동물들),
тот, та, то 저 (사람, 동물), 저(것, 사물), те 저 (사람들, 동물들).

(1) 남성 지시대명사 э̇тот의 격 변화

• 이 (사람, 동물), 이(것, 사물)

	단수		
1격 = 주격	э̇тот	[에-따트]	이 (사람은), 이(것은)
2격 = 생격(소유격)	э̇того	[에-따바]	이 (사람의), 이(것의)
3격 = 여격(간접목적격)	э̇тому	[에-따무]	이 (사람에게), 이(것에게)
4격 = 대격(직접목적격)	э̇тот	[에-따트]	이(것을)
	э̇того	[에-따바]	이 (사람을)
5격 = 조격(도구격)	э̇тим	[에-찜]	이 (사람에 의해서), 이(것에 의해서)
6격 = 전치격	(об) э̇том	[(아브)에-땀]	이 (사람에 대해서), 이(것에 대해서)

복수

1격 = 주격	э́ти	[에-찌]	이 (사람들은), 이(것들은)
2격 = 생격(소유격)	э́тих	[에-찌흐]	이 (사람들의), 이(것들의)
3격 = 여격(간접목적격)	э́тим	[에-찜]	이 (사람들에게), 이(것들에게)
4격 = 대격(직접목적격)	э́ти	[에-찌]	이(것들을)
	э́тих	[에-찌흐]	이 (사람들을)
5격 = 조격(도구격)	э́тими	[에-찌미]	이 (사람들에 의해서), 이(것들에 의해서)
6격 = 전치격	(об) э́тих	[(아브)에-찌흐]	이 (사람들에 대해서), 이(것들에 대해서)

(2) 여성 지시대명사 э́та의 격 변화

• 이 (사람, 동물), 이(것, 사물)

단수

1격 = 주격	э́та	[에-따]	이 (사람은), (이것은)
2격 = 생격(소유격)	э́той	[에-따이]	이 (사람의), (이것의)
3격 = 여격(간접목적격)	э́той	[에-따이]	이 (사람에게), (이것에게)
4격 = 대격(직접목적격)	э́ту	[에-뚜]	이 (사람을), (이것을)
5격 = 조격(도구격)	э́той	[에-따이]	이 (사람에 의해서), (이것에 의해서)
6격 = 전치격	(об) э́той	[(아브)에-따이]	이 (사람에 대해서), (이것에 대해서)

복수

1격 = 주격	э́ти	[에-찌]	이 (사람들은), 이(것들은)
2격 = 생격(소유격)	э́тих	[에-찌흐]	이 (사람들의), 이(것들의)
3격 = 여격(간접목적격)	э́тим	[에-찜]	이 (사람들에게), 이(것들에게)
4격 = 대격(직접목적격)	э́ти	[에-찌]	이(것들을)
	э́тих	[에-찌흐]	이 (사람들을)
5격 = 조격(도구격)	э́тими	[에-찌미]	이 (사람들에 의해서), 이(것들에 의해서)

6격 = 전치격	(об) э̇тих	[(아브)에-찌흐] 이 (사람들에 대해서), 이(것들에 대해서)	

(3) 중성 지시대명사 э̇то의 격 변화

• 이것(사물)

		단수	
1격 = 주격	э̇то	[에-따]	(이것은)
2격 = 생격(소유격)	э̇того	[에-따바]	(이것의)
3격 = 여격(간접목적격)	э̇тому	[에-따무]	(이것에게)
4격 = 대격(직접목적격)	э̇то	[에-따]	(이것을)
5격 = 조격(도구격)	э̇тим	[에-찜]	(이것에 의해서)
6격 = 전치격	(об) э̇том	[(아브)에-땀]	(이것에 대해서)

		복수	
1격 = 주격	э̇ти	[에-찌]	이 (사람들은), 이(것들은)
2격 = 생격(소유격)	э̇тих	[에-찌흐]	이 (사람들의), 이(것들의)
3격 = 여격(간접목적격)	э̇тим	[에-찜]	이 (사람들에게), 이(것들에게)
4격 = 대격(직접목적격)	э̇ти	[에-찌]	이(것들을)
	э̇тих	[에-찌흐]	이 (사람들을)
5격 = 조격(도구격)	э̇тими	[에-찌미]	이 (사람들에 의해서), 이(것들에 의해서)
6격 = 전치격	(об) э̇тих	[(아브)에-찌흐]	이 (사람들에 대해서), 이(것들에 대해서)

(4) 남성 지시대명사 тот의 격 변화

• 저 (사람, 동물), 저(것, 사물)

단수

1격 = 주격	тот	[또-트]	저 (사람은), 저(것은)
2격 = 생격(소유격)	того̇	[따보-]	저 (사람의), 저(것의)
3격 = 여격(간접목적격)	тому̇	[따무-]	저 (사람에게), 저(것에게)
4격 = 대격(직접목적격)	тот	[또-트]	저(것을)
	того̇	[따보-]	저 (사람을)
5격 = 조격(도구격)	тем	[찌에-ㅁ]	저 (사람에 의해서), 저(것에 의해서)
6격 = 전치격	(об) том	[(아프)또-ㅁ]	저 (사람에 대해서), 저(것에 대해서)

복수

1격 = 주격	те	[찌에-]	저 (사람들은), 저(것들은)
2격 = 생격(소유격)	тех	[찌에-흐]	저 (사람들의), 저(것들의)
3격 = 여격(간접목적격)	тех	[찌에-흐]	저 (사람들에게), 저(것들에게)
4격 = 대격(직접목적격)	те	[찌에-]	저(것들을)
	тех	[찌에-흐]	저 (사람들을)
5격 = 조격(도구격)	те̇ми	[찌-에미]	저 (사람들에 의해서), 저(것들에 의해서)
6격 = 전치격	(о) тех	[(아)찌에-흐]	저 (사람들에 대해서), 저(것들에 대해서)

(5) 여성 지시대명사 та의 격 변화

• 저 (사람, 동물), 저(것, 사물)

			단수	
1격 = 주격		та	[따-]	저 (사람은), 저(것은)
2격 = 생격(소유격)		той	[또-이]	저 (사람의), 저(것의)
3격 = 여격(간접목적격)		той	[또-이]	저 (사람에게), 저(것에게)
4격 = 대격(직접목적격)		ту	[뚜-]	저 (사람을), 저(것을)
5격 = 조격(도구격)		той	[또-이]	저 (사람에 의해서), 저(것에 의해서)
6격 = 전치격	(об)	той	[(아쁘)또-이]	저 (사람에 대해서), 저(것에 대해서)

			복수	
1격 = 주격		те	[찌에-]	저 (사람들은), 저(것들은)
2격 = 생격(소유격)		тех	[찌에-흐]	저 (사람들의), 저(것들의)
3격 = 여격(간접목적격)		тех	[찌에-흐]	저 (사람들에게), 저(것들에게)
4격 = 대격(직접목적격)		те	[찌에-]	저(것들을)
		тех	[찌에-흐]	저 (사람들을)
5격 = 조격(도구격)		теми	[찌-에미]	저 (사람들에 의해서), 저(것들에 의해서)
6격 = 전치격	(о)	тех	[(아)찌에-흐]	저 (사람들에 대해서), 저(것들에 대해서)

(6) 중성 지시대명사 то의 격 변화

• 저(것, 사물)

단수

1격 = 주격		то	[또-]	저(것은)
2격 = 생격(소유격)		того̇	[따보-]	저(것의)
3격 = 여격(간접목적격)		тому̇	[따무-]	저(것에게)
4격 = 대격(직접목적격)		то	[또-]	저(것을)
5격 = 조격(도구격)		тем	[찌에-ㅁ]	저(것에 의해서)
6격 = 전치격	(об)	том	[(아쁘)또-ㅁ]	저(것에 대해서)

복수

1격 = 주격		те	[찌에-]	저 (사람들은), 저(것들은)
2격 = 생격(소유격)		тех	[찌에-흐]	저 (사람들의), 저(것들의)
3격 = 여격(간접목적격)		тех	[찌에-흐]	저 (사람들에게), 저(것들에게)
4격 = 대격(직접목적격)		те	[찌에-]	저(것들을)
		тех	[찌에-흐]	저 (사람들을)
5격 = 조격(도구격)		тѐми	[찌-에미]	저 (사람들에 의해서), 저것(들에 의해서)
6격 = 전치격	(о)	тех	[(아)찌에-흐]	저 (사람들에 대해서), 저(것들에 대해서)

2) 정대명사

весь, вся, всё, все(모든, 온, 전체의)

(1) 남성 정대명사 весь의 격 변화

• 모든, 전체의, 온 (사람, 것)

단수

1격 = 주격	весь	[베-시]	모든 (사람은), 모든 (것은)
2격 = 생격(소유격)	всего̇	[프씨보-]	모든 (사람의), 모든 (것의)
3격 = 여격(간접목적격)	всему̇	[프씨무-]	모든 (사람에게), 모든 (것에게)
4격 = 대격(직접목적격)	весь	[베-시]	모든 (것을)
	всего̇	[프씨보-]	모든 (사람을)
5격 = 조격(도구격)	всем	[프씨에-ㅁ]	모든 (사람에 의해서), 모든 (것에 의해서)
6격 = 전치격	(обо) всём	[(아바)프쑈-ㅁ]	모든 (사람에 대해서), 모든 (것에 대해서)

복수

1격 = 주격	все	[프씨에-]	모든 (사람들은), 모든 (것들은)
2격 = 생격(소유격)	всех	[프씨에-흐]	모든 (사람들의), 모든 (것들의)
3격 = 여격(간접목적격)	всем	[프씨에-ㅁ]	모든 (사람들에게), 모든 (것들에게)
4격 = 대격(직접목적격)	все	[프씨에-]	모든 (것들을)
	всех	[프씨에-흐]	모든 (사람들을)
5격 = 조격(도구격)	все̇ми	[프씨에-미]	모든 (사람들에 의해서), 모든 (것들에 의해서)
6격 = 전치격	(обо) всех	[(아바)프씨에-흐]	모든 (사람들에 대해서), 모든 (것들에 대해서)

(2) 여성 정대명사 **вся**의 격 변화

• 모든, 전체의, 온 (사람, 것)

단수

1격 = 주격		вся	[프쌰-]	모든 (사람은), 모든 (것은)
2격 = 생격(소유격)		всей	[프씨에-이]	모든 (사람의), 모든 (것의)
3격 = 여격(간접목적격)		всей	[프씨에-]	모든 (사람에게), 모든 (것에게)
4격 = 대격(직접목적격)		всю	[프쓔-]	모든 (사람을), 모든 (것을)
5격 = 조격(도구격)		всей	[프씨에-이]	모든 (사람에 의해서), 모든 (것에 의해서)
6격 = 전치격	(обо)	всей	[(아바)프씨에-이]	모든 (사람에 대해서), (모든 것에 대해서)

복수

1격 = 주격		все	[프씨에-]	모든 (사람들은), 모든 (것들은)
2격 = 생격(소유격)		всех	[프씨에-흐]	모든 (사람들의), 모든 (것들의)
3격 = 여격(간접목적격)		всем	[프씨에-ㅁ]	모든 (사람들에게), 모든 (것들에게)
4격 = 대격(직접목적격)		все	[프씨에-]	모든 (것들을)
		всех	[프씨에-흐]	모든 (사람들을)
5격 = 조격(도구격)		всёми	[프씨에-미]	모든 (사람들에 의해서), 모든 (것들에 의해서)
6격 = 전치격	(обо)	всех	[(아바)프씨에-흐]	모든 (사람들에 대해서) 모든 (것들에 대해서)

(3) 중성 정대명사 всё의 격 변화(어미에 의한 격의 변화)

• 모든, 전체의 (것)

		단수	
1격 = 주격	всё	[프쏘-]	모든 (것은)
2격 = 생격(소유격)	всего̇	[프씨보-]	모든 (것의)
3격 = 여격(간접목적격)	всему̇	[프씨무-]	모든 (것에게)
4격 = 대격(직접목적격)	всё	[프쏘-]	모든 (것을)
5격 = 조격(도구격)	всем	[프씨에-ㅁ]	모든 (것에 의해서)
6격 = 전치격	(об) всём	[(아쁘)프쏘-ㅁ]	모든 (것에 대해서)
		복수	
1격 = 주격	все	[프씨에-]	모든 (사람들은), 모든 (것들은)
2격 = 생격(소유격)	всех	[프씨에-흐]	모든 (사람들의), 모든 (것들의)
3격 = 여격(간접목적격)	всем	[프씨에-ㅁ]	모든 (사람들에게), 모든 (것들에게)
4격 = 대격(직접목적격)	все	[프씨에-]	모든 (것들을)
	всех	[프씨에-흐]	모든 (사람들을)
5격 = 조격(도구격)	всѐми	[프씨에-미]	모든 (사람들에 의해서), 모든 (것들에 의해서)
6격 = 전치격	(обо) всех	[(아바)프씨에-흐]	모든 (사람들에 대해서), 모든 (것들에 대해서)

3) 의문대명사

чей, чья, чьё, чьи(누구의)의 격 변화

(1) 남성 의문대명사 чей의 격 변화

• **누구의**

단수

1격 = 주격		чей	[췌-이]	누구의	(-은)
2격 = 생격(소유격)		чьего̇	[취이보-]	누구의	(-의)
3격 = 여격(간접목적격)		чьему̇	[취이무-]	누구의	(-에게)
4격 = 대격(직접목적격)		чей	[췌-이]	누구의	(-을)
		чьего̇	[취이보-]	누구의	(-을)
5격 = 조격(도구격)		чьим	[취이-ㅁ]	누구의	(-에 의해서)
6격 = 전치격	(o)	чьём	[(아)취요-ㅁ]	누구의	(-에 대해서)

복수

1격 = 주격		чьи	[취이-]	누구의	(-들은)
2격 = 생격(소유격)		чьих	[취이-흐]	누구의	(-들의)
3격 = 여격(간접목적격)		чьим	[취이-ㅁ]	누구의	(-들에게)
4격 = 대격(직접목적격)		чьи	[취이-]	누구의	(-들을)
		чьих	[취이-흐]	누구의	(-들을)
5격 = 조격(도구격)		чьи̇ми	[취이-미]	누구의	(-들에 의해서)
6격 = 전치격	(o)	чьих	[(아)취이-흐]	누구의	(-들에 대해서)

(2) 여성 의문대명사 чья의 격 변화

• 누구의

단수

1격 = 주격	чья	[취야-]	누구의	(-은)
2격 = 생격(소유격)	чьей	[취에-이]	누구의	(-의)
3격 = 여격(간접목적격)	чьей	[취에-이]	누구의	(-에게)
4격 = 대격(직접목적격)	чью	[취유-]	누구의	(-을)
5격 = 조격(도구격)	чьей	[취에-이]	누구의	(-에 의해서)
6격 = 전치격	(о) чьей	[(아)취에-이]	누구의	(-에 대해서)

복수

1격 = 주격	чьи	[취이-]	누구의	(-들은)
2격 = 생격(소유격)	чьих	[취이-흐]	누구의	(-들의)
3격 = 여격(간접목적격)	чьим	[취이-ㅁ]	누구의	(-들에게)
4격 = 대격(직접목적격)	чьи	[취이-]	누구의	(-들을)
	чьих	[취이-흐]	누구의	(-들을)
5격 = 조격(도구격)	чьи́ми	[취이-미]	누구의	(-들에 의해서)
6격 = 전치격	(о) чьих	[(아)취이-흐]	누구의	(-들에 대해서)

(3) 중성 의문대명사 чьё의 격 변화

• 누구의

단수

1격 = 주격	чьё	[취요-]	누구의	(-은)
2격 = 생격(소유격)	чьего́	[취이보-]	누구의	(-의)
3격 = 여격(간접목적격)	чьему́	[취이무-]	누구의	(-에게)
4격 = 대격(직접목적격)	чьё	[취요-]	누구의	(-을)
5격 = 조격(도구격)	чьим	[취이-ㅁ]	누구의	(-에 의해서)
6격 = 전치격	(о) чьим	[(아)취이-ㅁ]	누구의	(-에 대해서)

복수

1격 = 주격	**чьи**	[취이-]	누구의	(-들은)
2격 = 생격(소유격)	**чьих**	[취이이-흐]	누구의	(-들의)
3격 = 여격(간접목적격)	**чьим**	[취이-ㅁ]	누구의	(-들에게)
4격 = 대격(직접목적격)	**чьи**	[취이-]	누구의	(-들을)
	чьих	[취이-흐]	누구의	(-들을)
5격 = 조격(도구격)	**чьи́ми**	[취이-미]	누구의	(-들에 의해서)
6격 = 전치격	(о) **чьих**	[(아)취이-흐]	누구의	(-들에 대해서)

※ 의문대명사 **чей**는 아래 문장들에서 예를 든 것처럼 э̇то(이것)와 함께 사용될 때가 많다. 이때 **чей**는 지시 대상의 명사의 성과 수에 일치하며, э̇то는 **чей**의 성과 수에 무관하게 공통으로 사용된다.

Чей э̇то дом? [췌-이 에-따 도-ㅁ]
이것은 누구의 집이죠? (남성 명사가 지시 대상)

Чья э̇то кни́га? [취-야- 에-따 크니-가]
이것은 누구의 책이죠? (여성 명사가 지시 대상)

Чьё э̇то перо̇? [취요- 에-따 뻬로-]
이것은 누구의 펜이죠? (중성 명사가 지시 대상)

Чьи это кни́ги? [취이- 에-따 크니-기]
이것은 누구의 책들이죠? (복수 명사가 지시 대상)

4) 재귀대명사

себя́(자신을)의 격 변화

1격 = 주격	없음		
2격 = 생격(소유격)	себя́	[씨뱌–]	자신의
3격 = 여격(간접목적격)	себе́	[씨비에–]	자신에게
4격 = 대격(직접목적격)	себя́	[씨비아–]	자신을
5격 = 조격(도구격)	собо́й	[싸보–이]	자신에 의해서
6격 = 전치격	(o) себе́	[(아)씨비에–]	자신에 대해서

8. 수사

◆ 수사와 수사의 격 변화

1) 기수사(사물의 수효를 나타내는 수사)

1 оди́н [아지-ㄴ] * (одна́ [아드나-], одно́ [아드노-], одни́ [아드니-])

2 два [드바-] * (две [드비에-], дво́е[드보-에])

3 три [뜨리-]

4 четы́ре [취뜨이-리]

5 пять [뺘-찌]

6 шесть [쉐스-찌]

7 семь [씨에-ㅁ]

8 во́семь [보-씨ㅁ]

9 де́вять [지에-비찌]

10 де́сять [지에-씨찌]

11 оди́ннадцать [아지-ㄴ나짜찌]

12 двена́дцать [드비나-짜찌]

13 трина́дцать [뜨리나-짜찌]

14 четы́рнадцать [취뜨이-르나짜찌]

15 пятна́дцать [삐뜨나-짜찌]

16 шестна́дцать [쉐스나-짜찌]

17 семна́дцать [씸나-짜찌]

18 восемна́дцать [바씸나-짜찌]

19 девятна́дцать [지비나-짜찌]

20 два́дцать [드바-짜찌]

30 три́дцать [뜨리-짜찌]

40 со́рок [쏘-라크, 쏘-락]

50 пятьдеся́т [삐지지쌰-트]

60 шестьдеся́т [쉐스지지쌰-트]

70 семьдеся́т [씨에-미지쌰트]

80 восемьдеся́т [보-씨미지쌰트]

90 девяно́сто [지비노-스따]

100 сто [쓰또-]

200 две́сти [드베-스찌]

300 три́ста [뜨리-스따]

400 четы́реста [취뜨이-레스따]

500 пятьсо́т [삐찌쏘-트]

600 шестьсо́т [쉐스찌쏘-트]

700 семьсо́т [씨미쏘-트]

800 восемьсо́т [바씨미쏘-트]

900 девятьсо́т [지비찌쏘-트]

1,000 ты́сяча [뜨이-씨촤]

1,000,000 миллио́н [밀리오-ㄴ] 백만

1,000,000,000 миллиа́рд [밀리아-르트] 십억

• 기수사 1의 격 변화(어미에 의한 격 변화)

(1) 남성 기수사 оди́н [아지-ㄴ]의 격 변화

		단수	
1격 = 주격	оди́н	[아지-ㄴ]	한 (사람은), 1, 일, 한 (개는), 하나는
2격 = 생격(소유격)	одного́	[아드나보-]	한 (사람의), 하나의
3격 = 여격(간접목적격)	одному́	[아드나무-]	한 (사람에게), 하나에게
4격 = 대격(직접목적격)	один	[아지-ㄴ]	하나를
	одного́	[아드나보-]	한 (사람을)
5격 = 조격(도구격)	одни́м	[아드니-ㅁ]	한 (사람에 의해서), 하나에 의해서
6격 = 전치격	(об) одно́м	[(아바)드노-ㅁ]	한 (사람에 대해서), 하나에 대해서

		복수	
1격 = 주격	одни́	[아드니-]	어떤 (사람들은), 어떤(것들은), 하나는
2격 = 생격(소유격)	одни́х	[아드니이-흐]	어떤 (사람들의), 어떤 (것들의)
3격 = 여격(간접목적격)	одни́м	[아드니-ㅁ]	어떤 (사람들에게), 어떤 (것들에게)
4격 = 대격(직접목적격)	одни́	[아드니-]	어떤 (것들을)
	одни́х	[아드니이-흐]	어떤 (사람들을)
5격 = 조격(도구격)	одни́ми	[아드니-미]	어떤 (것들에 의해서), 어떤 (것들에 의해서)
6격 = 전치격	(об) одни́х	[(아바)드니이-흐]	어떤 (사람들에 대해서), (어떤 것들에 대해서)

(2) 여성 기수사 однȧ [아드나-]의 격 변화

단수

1격 = 주격	однȧ	[아드나-]	한 (사람)은, 한 (개는),
2격 = 생격(소유격)	однȯй	[아드노-이]	한 (사람의), 한 (개의)
3격 = 여격(간접목적격)	однȯй	[아드노-이]	한 (사람에게), 한 (개에게)
4격 = 대격(직접목적격)	однẏ	[아드누-]	한 (사람을), 한 (개를)
5격 = 조격(도구격)	однȯй	[아드노-이]	한 (사람에 의해서), 한 (개에 의해서)
6격 = 전치격	(об) однȯй	[(아바)드노-이]	한 (사람에 대해서), 한 (개에 대해서)

복수

1격 = 주격	однѝ	[아드니-]	어떤 (사람들은), 어떤 (것들은), 하나는
2격 = 생격(소유격)	однѝх	[아드니이-흐]	어떤 (사람들의), 어떤 (것들의)
3격 = 여격(간접목적격)	однѝм	[아드니-ㅁ]	어떤 (사람들에게), 어떤 (것들에게)
4격 = 대격(직접목적격)	однѝ	[아드니-]	어떤 (것들을)
	однѝх	[아드니이-흐]	어떤 (사람들을)
5격 = 조격(도구격)	однѝми	[아드니-미]	어떤 (사람에 의해서), 어떤 (것들에 의해서)
6격 = 전치격	(об) однѝх	[(아바)드니이-흐]	어떤 (사람들에 대해서), 어떤 (것들에 대해서)

(3) 중성 기수사 однȯ [아드노-]의 격 변화

단수

1격 = 주격	однȯ	[아드노-]	한 (사람은), 한 (개는)
2격 = 생격(소유격)	одногȯ	[아드나보-]	한 (사람의), 한 (개의)
3격 = 여격(간접목적격)	одномẏ	[아드나무-]	한 (사람에게), 한 (개에게)
4격 = 대격(직접목적격)	однȯ	[아드노-]	한 (개를)
5격 = 조격(도구격)	однйм	[아드니-ㅁ]	한 (사람에 의해서), 한 (개에 의해서)
6격 = 전치격	(об) однȯм	[(아바)드노-ㅁ]	한 (사람에 대해서), 한 (개에 대해서)

복수

1격 = 주격	однй	[아드니-]	어떤 (사람들은), 어떤 (것들은)
2격 = 생격(소유격)	однйх	[아드니이-흐]	어떤 (사람들의), 어떤 (것들의)
3격 = 여격(간접목적격)	однйм	[아드니-ㅁ]	어떤 (사람들에게), 어떤 (것들에게)
4격 = 대격(직접목적격)	однй	[아드니-]	어떤 (것들을)
	однйх	[아드니이-흐]	어떤 (사람들을)
5격 = 조격(도구격)	однйми	[아드니-미]	어떤 (사람들에 의해서), 어떤 (것들에 의해서)
6격 = 전치격	(об) однйх	[(아바)드니이-흐]	어떤 (사람들에 대해서), 어떤 (것들에 대해서)

2) 서수사(순서나 차례를 나타내는 수사)

1 **пе̇рвый** [삐에-르브이] 첫 번째의, 제1의

2 **вто̇рой** [프따로-이] 두 번째, 제2의

3 **тре̇тий** [뜨리에-찌이] 세 번째의

4 **четвёртый** [취뜨뵤-르뜨이] 네 번째의

5 **пя̇тый** [뺘-뜨이] 다섯 번째의

6 **шесто̇й** [쉐스또-이] 여섯 번째의

7 **седьмо̇й** [씨지모-이] 일곱 번째의

8 **восьмо̇й** [바씨모-이] 여덟 번째의

9 **девя̇тый** [지뱌-뜨이] 아홉 번째의

10 **деся̇тый** [지쌰-뜨이] 열 번째의

11 **оди̇ннадцатый** [아지-ㄴ나짜뜨이] 열한 번째의

12 **двена̇дцатый** [드비나-짜뜨이] 열두 번째의

13 **трина̇дцатый** [뜨리나-짜뜨이] 열세 번째의

14 **четы̇рнадцатый** [취뜨이-르나짜뜨이] 열네 번째의

15 **пятна̇дцатый** [삐뜨나-짜뜨이] 열다섯 번째의

16 **шестна̇дцатый** [쉐스나-짜뜨이] 열여섯 번째의

17 **семна̇дцатый** [씸나-짜뜨이] 열일곱 번째의

18 **восемна̇дцатый** [바씸나-짜뜨이] 열여덟 번째의

19 **девятна̇дцатый** [지비나-짜뜨이] 열아홉 번째의

20 **два̇дцатый** [드바-짜뜨이] 스무 번째의

30 **три̇тдцатый** [뜨리-짜뜨이] 서른 번째의

40 **сорокова̇й** [싸라까보-이] 마흔 번째의

50 **пятидеся̇тый** [삐찌지쌰-뜨이] 쉰 번째의

60 шестидеся́тый [쉐스찌지쌰-뜨이] 예순 번째의

70 семидеся́тый [씨미지쌰-뜨이] 일흔 번째의

80 восьмидеся́тый [바씨미지쌰-뜨이] 여든 번째의

90 девяно́стый [지비노-스뜨이] 아흔 번째의

100 со́тый [쏘-뜨이] 백 번째의

1,000 ты́сячный [뜨이-쌰츠느이] 천 번째의

1,000,000 миллио́ный [밀리오-ㄴ느이] 백만 번째의

1,000,000,000 миллиа́рдый [밀리아-르드이] 십억 번째의

● 서수사의 격변화는 형용사의 격변화와 같다.
예외적으로 변화하는 3 тре́тий의 격변화는 다음과 같다.

1) 남성 서수사 тре́тий[뜨리에-찌이]의 격 변화

	단수		
1격 = 주격	тре́тий	[뜨리에-찌이]	세 번째 (사람은), 세 번째 (것은)
2격 = 생격(소유격)	тре́тьего	[뜨리에-찌이바]	세 번째 (사람의), 세 번째 (것의)
3격 = 여격(간접목적격)	тре́тьему	[뜨리에-찌이무]	세 번째 (사람에게), 세 번째 (것에게)
4격 = 대격(직접목적격)	тре́тий	[뜨리에-찌이]	세 번째 (것을)
	тре́тьего	[뜨리에-찌이바]	세 번째 (사람을)
5격 = 조격(도구격)	тре́тьим	[뜨리에-찌임]	세 번째 (사람에 의해서), 세 번째 (것에 의해서)
6격 = 전치격	(о) тре́тьем	[(아)뜨리에-찌엠]	세 번째 (사람에 대해서), 세 번째 (것에 대해서)

복수

1격 = 주격	трётьи	[뜨리에-찌이]	세 번째 (사람들은), 세 번째 (것들은)
2격 = 생격(소유격)	трётьих	[뜨리에-찌이흐]	세 번째 (사람들의), 세 번째 (것들은)
3격 = 여격(간접목적격)	трётьим	[뜨리에-찌이무]	세 번째 (사람들에게), 세 번째 (것들에게)
4격 = 대격(직접목적격)	трётьи	[뜨리에-찌이]	세 번째 (것들을)
	трётьих	[뜨리에-찌이흐]	세 번째 (사람들을)
5격 = 조격(도구격)	трётьими	[뜨리에-찌이미]	세 번째 (사람들에 의해서), 세 번째 (것들에 의해서)
6격 = 전치격	(о) трётьих	[(아)뜨리에-찌이흐]	세 번째 (사람들에 대해서), 세 번째 (것들에 대해서)

2) 여성 서수사 трётья[뜨리에-찌야]의 격 변화

단수

1격 = 주격	трётья	[뜨리에-찌야]	세 번째 (사람은), 세 번째 (것은)
2격 = 생격(소유격)	трётьей	[뜨리에-찌에이]	세 번째 (사람의), 세 번째 (것의)
3격 = 여격(간접목적격)	трётьей	[뜨리에-찌에이]	세 번째 (사람에게), 세 번째 (것에게)
4격 = 대격(직접목적격)	трётью	[뜨리에-찌유]	세 번째 (사람을), 세 번째 (것을)
5격 = 조격(도구격)	трётьей	[뜨리에-찌에이]	세 번째 (사람에 의해서), 세 번째 (것에 의해서)
6격 = 전치격	(о) трётьей	[(아)뜨리에-찌에이]	세 번째 (사람에 대해서), 세 번째 (것에 대해서)

복수

<u>1격 = 주격</u>	**<u>trётьи</u>**	<u>[뜨리에-찌이]</u>	세 번째 (사람들은), 세 번째 (것들은)
<u>2격 = 생격(소유격)</u>	**<u>трётьих</u>**	<u>[뜨리에-찌이흐]</u>	세 번째 (사람들의), 세 번째 (것들은)
3격 = 여격(간접목적격)	**трётьим**	[뜨리에-찌이무]	세 번째 (사람들에게), 세 번째 (것들에게)
<u>4격 = 대격(직접목적격)</u>	**<u>трётьи</u>**	<u>[뜨리에-찌이]</u>	세 번째 (것들을)
	<u>трётьих</u>	<u>[뜨리에-찌이흐]</u>	세 번째 (사람들을)
5격 = 조격(도구격)	**трётьими**	[뜨리에-찌이미]	세 번째 (사람들에 의해서), 세 번째 (것들에 의해서)
6격 = 전치격	(о) **трётьих**	[(아)뜨리에-찌이흐]	세 번째 (사람들에 대해서), 세 번째 (것들에 대해서)

3) 중성 서수사 3 трётье[뜨리에-찌에]의 격 변화

단수

<u>1격 = 주격</u>	**<u>трётье</u>**	<u>[뜨리에-찌에]</u>	세 번째 (것은)
2격 = 생격(소유격)	**трётьего**	[뜨리에-찌이바]	세 번째 (것의)
3격 = 여격(간접목적격)	**трётьему**	[뜨리에-찌이무]	세 번째 (것에게)
<u>4격 = 대격(직접목적격)</u>	**<u>трётье</u>**	<u>[뜨리에-찌에]</u>	세 번째 (것을)
5격 = 조격(도구격)	**трётьим**	[뜨리에-찌임]	세 번째 (것에 의해서)
6격 = 전치격	(о) **трётьем**	[(아)뜨리에-찌엠]	세 번째 (것에 대해서)

복수

1격 = 주격	трѐтьи	[뜨리에-찌이]	세 번째 (사람들은), 세 번째 (것들은)
2격 = 생격(소유격)	трѐтьих	[뜨리에-찌이흐]	세 번째 (사람들의), 세 번째 (것들은)
3격 = 여격(간접목적격)	трѐтьим	[뜨리에-찌이무]	세 번째 (사람들에게), 세 번째 (것들에게)
4격 = 대격(직접목적격)	трѐтьи	[뜨리에-찌이]	세 번째 (것들을),
	трѐтьих	[뜨리에-찌이흐]	세 번째 (사람들을),
5격 = 조격(도구격)	трѐтьими	[뜨리에-찌이미]	세 번째 (사람들에 의해서), 세 번째 (것들에 의해서)
6격 = 전치격	(о) трѐтьих	[(아)뜨리에-찌이흐]	세 번째 (사람들에 대해서), 세 번째 (것들에 대해서)

9. 동사

◆ 동사의 활용(동사의 어미 변화)

● 동사의 부정형(동사의 미정형) **читáть**[취따–찌], **жить**[쥐–찌], **люби́ть**[류비–찌], **игрáть**[이그라–찌], **дéлать**[지에–ㄹ라찌], **стрóить**[스뜨로–이찌], **говори́ть**[거바리–찌]의 활용(어미 변화)

(불완료상 동사)

* 동사의 불완료상은 행위의 과정, 반복적인 동작이나 진행중인 동작 그 자체로서 일반적인 사실의 확인 시 표현됨.

* 반면에 동사의 완료상은 행위의 완료 또는 시작, 행위의 결과로서 구체적인 사실의 전달 시 표현됨. 동사의 완료상은 현재 시제가 없고, 과제 시제와 미래 시제만 있다. 완료상 동사로 표현되는 단순식 미래 시제는 아래에 설명된 합성식 과거 시제 및 미래 시제와 달리 표현된다.

1–1) 동사의 현재 시제 (1식 변화, –е–, –ё– 형태의 어미 변화)

* ё가 들어 있는 단어에는 ё에만 역점이 있음!!

Я <u>читáю</u> кни́гу. [야– 취따–유 크니–구]

나는 책을 <u>읽고 있다.</u>

Ты <u>читáешь</u> кни́гу. [뜨이– 취따–에쉬 크니–구]

너는 책을 <u>읽고 있다.</u>

Он читȧет книҋгу. [오-ㄴ 취따-에트 크니-구]

그는 책을 읽고 있다.

Онȧ читȧет книҋгу. [아나- 취따-에트 크니-구]

그녀는 책을 읽고 있다.

Онȯ читȧет книҋгу. [아노- 취따-에트 크니-구]

그것이 책을 읽고 있다.

Мы читȧем книҋгу. [므이- 취따-엠 크니-구]

우리는 책을 읽고 있다.

Вы читȧете книҋгу. [브이- 취따-에쩨 크니-구]

당신(들)은 책을 읽고 있다.

Они̇ читȧют книҋгу. [아니- 취따-유트 크니-구]

그들은 책을 읽고 있다.

* 주어의 인칭과 수에 따른 동사의 부정형(동사의 미정형) **жить**[쥐-찌] '살다'의 현재 시제의 어미 변화와 전치사 в 다음에 오는 여성 명사 단수 주격 Москвȧ[마스끄바-] '모스크바'의 전치격의 격변화는 다음과 같다. 그리고 과거 시제와 미래 시제도 이레 설명된 동사의 부정형 **читȧть** [취따-찌] '읽다'처럼 표현된다.

Я живу̇ в Москвė. [야- 쥐부 브마스끄비에-]

나는 모스크바에 살고 있다.

Ты живёшь в Москве̇. 너는 모스크바에 살고 있다.
[뜨이- 쥐뵤-쉬 브마스끄비에-]

Он живёт в Москве̇. [오-ㄴ 쥐뵤-트 브마스끄비에-]
그는 모스크바에 살고 있다.

Она живёт в Москве̇. [아나- 쥐뵤-트 브마스끄비에-]
그녀는 모스크바에 살고 있다.

Оно живёт в Москве̇. [아노- 쥐뵤-트 브마스끄비에-]
그것이 모스크바에 살고 있다.

Мы живём в Москве̇. [므이- 쥐뵤-ㅁ 브마스끄비에-]
우리는 모스크바에 살고 있다.

Вы живёте в Москве̇. [브이- 쥐뵤-쩨 브마스끄비에-]
당신(들)은 모스크바에 살고 있다.

Они живу̇т в Москве̇. [아니- 쥐부-트 브마스끄비에-]
그들은 모스크바에 살고 있다.

* 주어의 인칭과 수에 따른 동사의 부정형 игра̇ть[이그라-찌] '게임하다, 놀다, 연주하다'의 현재 시제 어미 변화와 전치사 в 다음에 오는 남성 명사 단수 주격 футбо̇л[푸드보-ㄹ] '축구'의 전치격의 격변화는 다음과 같으며, 과거 시제와 미래 시제도 이레 설명된 동사의 부정형 чита̇ть[취따-찌] '읽다'처럼 표현된다. де̇лать[지에-ㄹ라찌] '하다, 만들다'의 현재 시제 어미 변화도 이와 동일하게 변화한다.

Я играю в футбол. [야- 이그라-유 프푸드보-ㄹ]

나는 축구를 하고 있다.

Ты играешь в футбол. [뜨이- 이그라-에쉬 프푸드보-ㄹ]

너는 축구를 하고 있다.

Он играет в футбол. [오-ㄴ 이그라-에트 프푸드보-ㄹ]

그는 축구를 하고 있다.

Она играет в футбол. [아나- 이그라-에트 프푸드보-ㄹ]

그녀는 축구를 하고 있다.

Оно играет в футбол. [아노- 이그라-에트 프푸드보-ㄹ]

그것이 축구를 하고 있다.

Мы играем в футбол. 우리는 축구를 하고 있다.

[므이- 이그라-엠 프푸드보-ㄹ]

Вы играете в футбол. 당신(들)은 축구를 하고 있다.

[브이- 이그라-에쩨 프푸드보-ㄹ]

Они играют в футбол. 그들은 축구를 하고 있다.

[아니- 이그라-유트 프푸드보-ㄹ]

1-2) 과거 시제

Я чита́л кни́гу.(남성 화자) [야- 취따-ㄹ 크니-구]

나는 책을 읽고 있었다.(읽곤 했다).

Я чита́ла кни́гу.(여성 화자) [야- 취따-ㄹ라 크니-구]

Ты чита́л кни́гу.(남성 화자) [뜨이- 취따-ㄹ 크니-구]

너는 책을 읽고 있었다.(읽곤 했다).

Ты чита́ла кни́гу.(여성 화자) [뜨이- 취따-ㄹ라 크니-구]

Он чита́л кни́гу. [오-ㄴ 취따-ㄹ 크니-구]

그는 책을 읽고 있었다.(읽곤 했다).

Она́ чита́ла кни́гу. [아나- 취따-ㄹ라 크니-구]

그녀는 책을 읽고 있었다.(읽곤 했다).

Оно́ чита́ло кни́гу. [아노- 취따-ㄹ로 크니-구]

그것이 책을 읽고 있었다.(읽곤 했다).

Мы чита́ли кни́гу. [므이- 취따-ㄹ리 크니-구]

우리는 책을 읽고 있었다.(읽곤 했다).

Вы чита́ли кни́гу. [브이- 취따-ㄹ리 크니-구]

당신(들)은 책을 읽고 있었다.(읽곤 했다).

Они́ <u>чита́ли</u> кни́гу. [아니- 취따-ㄹ리 크니-구]

그들은 책을 <u>읽고 있었다.(읽곤 했다).</u>

1-3) 미래 시제

● 합성식 미래

주어 + бу́ду, бу́дешь, бу́дет, бу́дем, бу́дете, бу́дут + чита́ть(불완료상 동사 미정형) + 목적어.

Я <u>бу́ду чита́ть</u> кни́гу. [야- 부-두 취따-ㅉ 크니-구]

나는 책을 <u>읽을 것이다.</u>

Ты <u>бу́дешь чита́ть</u> кни́гу. [뜨이- 부-제쉬 취따-ㅉ 크니-구]

너는 책을 <u>읽을 것이다.</u>

Он <u>бу́дет чита́ть</u> кни́гу. [오-ㄴ 부-제트 취따-ㅉ 크니-구]

그는 책을 <u>읽을 것이다.</u>

Она́ <u>бу́дет чита́ть</u> кни́гу. [아나- 부-제트 취따-ㅉ 크니-구]

그녀는 책을 <u>읽을 것이다.</u>

Оно́ <u>бу́дет чита́ть</u> кни́гу. [아노- 부-제트 취따-ㅉ 크니-구]

그것이 책을 <u>읽을 것이다.</u>

Мы <u>бу́дем чита́ть</u> кни́гу. [므이- 부-젬 취따-찌 크니-구]
우리는 책을 <u>읽을 것이다.</u>

Вы <u>бу́дете чита́ть</u> кни́гу. [브이- 부-제쩨 취따-찌 크니-구]
당신(들)은 책을 <u>읽을 것이다.</u>

Они́ <u>бу́дут чита́ть</u> кни́гу. [아니- 부-두트 취따-찌 크니-구]
그들은 책을 <u>읽을 것이다.</u>

* 명령법: Чита́й кни́гу! [취따-이 크니-구]
(네가,) 책을 읽어라!
Чита́й<u>те</u> кни́гу! [취따-이쩨 크니-구]
(너<u>희들이</u>,) 책을 읽어라!

● 단순 미래

동사의 부정형 <u>про</u>чита́ть 다 읽다 (완료상 동사) =
접두사 про + чита́ть(불완료상 동사)

1-4) 현재 시제

없음

1-5) 과거 시제

Я прочитáл кни́гу.(남성 화자) [야- 쁘라취따-ㄹ 크니-구]
나는 책을 다 읽었다.(통독했다.)
Я прочитáла кни́гу.(여성 화자) [야- 쁘라취따-ㄹ라 크니-구]

Ты прочитáл кни́гу.(남성 화자) [뜨이- 쁘라취따-ㄹ 크니-구]
너는 책을 다 읽었다.(통독했다.)
Ты прочитáла кни́гу.(여성 화자) [뜨이- 쁘라취따-ㄹ라 크니-구]

Он прочитáл кни́гу. [오-ㄴ 쁘라취따-ㄹ 크니-구]
그는 책을 다 읽었다.(통독했다.)

Онá прочитáла кни́гу. [아나- 쁘라취따-ㄹ라 크니-구]
그녀는 책을 다 읽었다.(통독했다.)

Онó прочитáло кни́гу. [아노- 쁘라취따-ㄹ라 크니-구]
그것이 책을 다 읽었다.(통독했다.)

Мы прочитáли кни́гу. [므이- 쁘라취따-ㄹ리 크니-구]
우리는 책을 다 읽었다.(통독했다.)

Вы прочитáли кни́гу. [브이- 쁘라취따-ㄹ리 크니-구]
당신(들)은 책을 다 읽었다.(통독했다.)

Они́ <u>прочита́ли</u> кни́гу. [아니- 쁘라취따-ㄹ리 크니-구]
그들은 책을 <u>다 읽었다.(통독했다.)</u>

1-6) 미래 시제(단순 미래)

Я <u>прочита́ю</u> кни́гу. [야- 쁘라취따-유 크니-구]
나는 책을 <u>다 읽을 것이다.(통독할 것이다.)</u>

Ты <u>прочита́ешь</u> кни́гу. [뜨이- 쁘라취따-에쉬 크니-구]
너는 책을 <u>다 읽을 것이다.(통독할 것이다.)</u>

Он <u>прочита́ет</u> кни́гу. [오-ㄴ 쁘라취따-에트 크니-구]
그는 책을 <u>다 읽을 것이다.(통독할 것이다.)</u>

Она́ <u>прочита́ет</u> кни́гу. [아나- 쁘라취따-에트 크니-구]
그녀는 책을 <u>다 읽을 것이다.(통독할 것이다.)</u>

Оно́ <u>прочита́ет</u> кни́гу. [아노- 쁘라취따-에트 크니-구]
그것이 책을 <u>다 읽을 것이다.(통독할 것이다.)</u>

Мы <u>прочита́ем</u> кни́гу. [므이- 쁘라취따-엠 크니-구]
우리는 <u>다 읽을 것이다.(통독할 것이다.)</u>

Вы прочита́ете кни́гу. [브이- 쁘라취따-에쩨 크니-구]

당신(들)은 다 읽을 것이다.(통독할 것이다.)

Они́ прочита́ют кни́гу. [브이- 쁘라취따-유트 크니-구]

그들은 다 읽을 것이다.(통독할 것이다.)

* 명령법: Прочита́й кни́гу! [쁘라취따-이 크니-구]

(네가,) 책을 다 읽어라!

Прочита́йте кни́гу! [쁘라취따-이쩨 크니-구]

(너희들이,) 책을 다 읽어라!

2-1) 동사의 현재 시제 (2식 변화, -и- 형태의 어미 변화)

● 동사의 부정형 **стро́ить**[스뜨로-이찌] 건축(건설)하다(불완료상 동사)는 앞에서 예를 들어 설명한 **чита́ть**[취따-찌] 읽다, **жить**[쥐-찌] 살다 동사처럼 동사의 불완료상은 행위의 과정, 반복적인 동작이나 진행중인 동작 그 자체로서 일반적인 사실의 확인 시 표현된다.

Я стро́ю дом. [야- 스뜨로-유 도-ㅁ]

나는 집을 건축하고 있다.

Ты стро́ишь дом. [뜨이- 스뜨로-이쉬 도-ㅁ]

너는 집을 건축하고 있다.

Он стро́ит дом. [오-ㄴ 스뜨로-이트 도-ㅁ]

그는 집을 건축하고 있다.

Онȧ строит дом. [아나- 스뜨로-이트 도-ㅁ]

그녀는 집을 건축하고 있다.

Онȯ строит дом. [아노- 스뜨로-이트 도-ㅁ]

그것이 집을 건축하고 있다.

Мы строим дом. [므이- 스뜨로-임 도-ㅁ]

우리는 집을 건축하고 있다.

Вы строите дом. 당신(들)은 집을 건축하고 있다.

[브이- 스뜨로-이쩨 도-ㅁ]

Они строят дом. [아니- 스뜨로-야트 도-ㅁ]

그들은 집을 건축하고 있다.

- 주어의 인칭과 수에 따른 동사의 부정형 **говорить**[거바리-찌] '말하다'의 현재 시제 어미 변화는 부정사 **строить**[스뜨로-이찌] 건축(건설)하다의 현재 시제 어미 변화와 동일하게 변하며, 과거 시제와 미래 시제도 아래 설명된 동사의 부정형 **строить**[스뜨로-이찌] 건축(건설)하다(불완료상 동사)처럼 표현된다.

Я говорю по-русски. [야- 거바류- 빠루-쓰끼]

나는 러시아어로 말하고 있다.(직역)말할 수 있다.(의역)

Ты говоришь по-русски. [뜨이- 거바리-쉬 빠루-쓰끼]

너는 러시아어로 말하고 있다.

Он <u>говори́т</u> по-ру́сски. [오-ㄴ 거바리-트 빠루-쓰끼]
그는 러시아어로 <u>말하고 있다.</u>

Она <u>говори́т</u> по-ру́сски. [아나- 거바리-트 빠루-쓰끼]
그녀는 러시아어로 <u>말하고 있다.</u>

Оно <u>говори́т</u> по-ру́сски. [아노- 거바리-트 빠루-쓰끼]
그것이 러시아어로 <u>말하고 있다.</u>

Мы <u>говори́м</u> по-ру́сски. [므이- 거바리-ㅁ 빠루-쓰끼]
우리는 러시아어로 <u>말하고 있다.</u>

Вы <u>говори́те</u> по-ру́сски. [브이- 거바리-쩨 빠루-쓰끼]
당신(들)은 러시아어로 <u>말하고 있다.</u>

Они <u>говоря́т</u> по-ру́сски. [아니- 거바랴-트 빠루-쓰끼]
그들은 러시아어로 <u>말하고 있다.</u>

* 주어의 인칭과 수에 따른 동사의 부정형 люби́ть[류비-찌] '사랑하다, 좋아하다'의 현재 시제 어미 변화도 부정사 стро́ить[스뜨로-이찌] 건축(건설)하다의 현재 시제 어미 변화와 동일하게 변하며, 과거 시제와 미래 시제도 아래 설명된 동사의 부정형 стро́ить[스뜨로-이찌] 건축(건설)하다(불완료상 동사)처럼 표현된다. 특이점은 주어가 1인칭 단수일 때 люблю́처럼 동사의 현재 시제 어간 люб-에 л이 첨가된다는 점이다. 즉, люб + л + э = люблю́

이처럼 동사의 현재 시제 어간에 л이 첨가되는 경우는 제2식 동사의 활용(2현재 시제에서 2식 변화, –и– 형태의 어미 변화) 시 현재 시제 어간이 б, в, п, м, ф로 끝날 때다. 현재 시제 어간에 이러한 변동이 생기는 동사는 많지 않다.

Я люблю́ спорт. [야– 류블류– 쓰뽀르트]
나는 운동(스포츠)을 좋아한다.

Ты лю́бишь спорт. [뜨이– 류–비쉬 쓰뽀르트]
너는 운동(스포츠)을 좋아한다.

Он глю́бит спорт. [오–ㄴ 류–비트 쓰뽀르트]
그는 운동(스포츠)을 좋아한다.

Она лю́бит спорт. [아나– 류–비트 쓰뽀르트]
그녀는 운동(스포츠)을 좋아한다.

Оно лю́бит спорт. [아노– 류–비트 쓰뽀르트]
그것이 운동(스포츠)을 좋아한다.

Мы лю́бим спорт. 우리는 운동(스포츠)을 좋아한다.
[므이– 류–빔 쓰뽀르트]

Вы лю́бите спорт. [브이– 류–비쩨 쓰뽀르트]
당신(들)은 운동(스포츠)을 좋아한다.

Они лю́бят спорт. [아니- 류-뱌트 쓰뽀르트]

그들은 운동(스포츠)을 좋아한다.

2-2) 과거 시제

Я стро́ил дом.(남성 화자) [야- 스뜨로-일 도-ㅁ]

나는 집을 건축하고 있었다. (건축했었다.)

Я стро́ила дом.(여성 화자) [야- 스뜨로-일라 도-ㅁ]

Ты стро́ил дом.(남성 화자) [뜨이- 스뜨로-일 도-ㅁ]

너는 집을 건축하고 있었다. (건축했었다.).

Ты стро́ила дом.(여성 화자) [뜨이- 스뜨로-일라 도-ㅁ]

Он стро́ил дом. [오-ㄴ 스뜨로-일 도-ㅁ]

그는 집을 건축하고 있었다. (건축했었다.)

Она́ стро́ила дом. [아나- 스뜨로-일라 도-ㅁ]

그녀는 집을 건축하고 있었다. (건축했었다.)

Оно́ стро́ило дом. [아노- 스뜨로-일로 도-ㅁ]

그것이 집을 건축하고 있었다. (건축했었다.)

Мы стро́или дом. [므이- 스뜨로-일리 도-ㅁ]

우리는 집을 건축하고 있었다. (건축했었다.)

Вы <u>строили</u> дом. [브이-스뜨로-일리 도-ㅁ]

당신(들)은 집을 <u>건축하고 있었다.</u> (건축했었다.)

Они <u>строили</u> дом. [아니- 스뜨로-일리 도-ㅁ]

그들은 집을 <u>건축하고 있었다.</u> (건축했었다.)

2-3) 미래 시제

● 합성식 미래

주어 + буду, будешь, будет, будем, будете, будут + строить(불완료상 동사 미정형) + 목적어.

Я <u>буду строить</u> дом. [야- 부-두 스뜨로-이찌 도-ㅁ]

나는 집을 <u>건축할 것이다.</u>

Ты <u>будешь строить</u> дом. [뜨이- 부-제쉬 스뜨로-이찌 도-ㅁ]

너는 집을 <u>건축할 것이다.</u>

Он <u>будет строить</u> дом. [오-ㄴ 부-제트 스뜨로-이찌 도-ㅁ]

그는 집을 <u>건축할 것이다.</u>

Она <u>будет строить</u> дом. [아나- 부-제트 스뜨로-이찌 도-ㅁ]

그녀는 집을 <u>건축할 것이다.</u>

Оно́ <u>бу́дет стро́ить</u> дом. [아노- 부-제트 스뜨로-이찌 도-ㅁ]
그것이 집을 <u>건축할 것이다.</u>

Мы <u>бу́дем стро́ить</u> дом. [므이- 부-젬 스뜨로-이찌 도-ㅁ]
우리는 집을 <u>건축할 것이다.</u>

Вы <u>бу́дете стро́ить</u> дом. [브이- 부-제쩨 스뜨로-이찌 도-ㅁ]
당신(들)은 집을 <u>건축할 것이다.</u>

Они́ <u>бу́дут стро́ить</u> дом. [아니- 부-두트 스뜨로-이찌 도-ㅁ]
그들은 집을 <u>건축할 것이다.</u>

* 명령법: <u>Строй</u> дом! [스뜨로-이 도-ㅁ]
(네가,) 집을 건축하라!
<u>Стро́йте</u> дом! [스뜨로-이쩨 도-ㅁ]
(여러분이,) 집을 <u>건축하세요!</u>

● 단순 미래

부정사(동사의 미정형) <u>по</u>стро́ить 다 읽다 (완료상 동사) =
접두사 по + стро́ить(불완료상 동사)

2-4) 현재 시제

없음

2-5) 과거 시제

Я построил дом.(남성 화자) [야- 빠스뜨로-일 도-ㅁ]

나는 집을 다 건축했다.(건축을 완공했다.)

Я построила дом.(여성 화자) [야- 빠스뜨로-일라 도-ㅁ]

Ты построил дом.(남성 화자) [뜨이- 빠스뜨로-일 도-ㅁ]

너는 집을 다 건축했다.(건축을 완공했다.)

Ты построила дом.(여성 화자) [뜨이-빠스뜨로-일라 도-ㅁ]

Он построил дом. [오-ㄴ 빠스뜨로-일 도-ㅁ]

그는 집을 다 건축했다.(건축을 완공했다.)

Она построила дом. [아나- 빠스뜨로-일라 도-ㅁ]

그녀는 집을 다 건축했다.(건축을 완공했다.)

Оно построило дом. [아노- 빠스뜨로-일로 도-ㅁ]

그것이 집을 다 건축했다.(건축을 완공했다.)

Мы построили дом. [므이- 빠스뜨로-일리 도-ㅁ]

우리는 집을 다 건축했다.(건축을 완공했다.)

Вы <u>постро́или</u> дом. [브이- 빠스뜨로-일리 도-ㅁ]
당신(들)은 집을 <u>다 건축했다.(건축을 완공했다.)</u>

Они́ <u>постро́или</u> дом. [아니-빠스뜨로-일리 도-ㅁ]
그들은 집을 <u>다 건축했다.(건축을 완공했다.)</u>

2-6) 미래 시제(단순 미래)

Я <u>постро́ю</u> дом. [야- 빠스뜨로-유 도-ㅁ]
나는 집을 <u>다 지을 것이다.(완공할 것이다.)</u>

Ты <u>постро́ишь</u> дом. [뜨이- 빠스뜨로-이쉬 도-ㅁ]
너는 집을 <u>다 지을 것이다.(완공할 것이다.)</u>

Он <u>постро́ит</u> дом. [오-ㄴ 빠스뜨로-이트 도-ㅁ]
그는 집을 <u>다 지을 것이다.(완공할 것이다.)</u>

Она́ <u>постро́ит</u> дом. книгу. [아나- 빠스뜨로-이트 도-ㅁ]
그녀는 집을 <u>다 지을 것이다.(완공할 것이다.)</u>

Оно́ <u>постро́ит</u> дом. [아노- 빠스뜨로-이트 도-ㅁ]
그것이 집을 <u>다 지을 것이다.(완공할 것이다.)</u>

Мы построим дом. [므이- 빠스뜨로-임 도-ㅁ]
우리는 집을 다 지을 것이다.(완공할 것이다.)

Вы построите дом. [브이- 빠스뜨로-이쪠 도-ㅁ]
당신(들)은 집을 다 지을 것이다.(완공할 것이다.)

Они построят дом. [브이- 빠스뜨로-야트 도-ㅁ]
그들은 집을 다 지을 것이다.(완공할 것이다.)

* 명령법: построй дом! [빠스뜨로-이 도-ㅁ]
(네가,) 집을 다 지어라!,
постройте дом! [빠스뜨로-이쪠 도-ㅁ]
(너희들이,) 집을 다 지어라!

10. 조동사

◆ 조동사가 사용된 무인칭문과 일반인칭문

1) 무인칭문에서 조동사(мо̇жно[모-즈나], нельзя̇[닐리쟈-], ну̇жно[누-즈나])가 포함된 '무인칭문'

조동사(мо̇жно, нельзя̇, ну̇жно)가 포함된 문장을 '무인칭문'이라 하며, 이 문장에서는 인칭대명사의 주격을 사용하는 일반인칭문과 달리 인칭대명사의 주격 대신 여격을 사용하지만, 보통 여격을 생략한다.

각 3성(남성, 여성, 중성)의 단수와 복수의 인칭대명사의 주격에 대응하는 여격을 꼭 외울 필요가 있다.

1인칭 단수 주격 я[야-] 나는 → 1인칭 단수 여격 мне[므니에-] 나에게
1인칭 복수 주격 мы[므이-] 우리는 → 1인칭 복수 여격 нам[나-ㅁ] 우리에게

2인칭 단수 주격 ты[뜨이-] 네가 → 인칭 단수 여격 тебе̇[찌비에-] 너에게
2인칭 복수 주격 вы[브이-] → 너희들이, 당신(들)이 2인칭 복수 여격 вам[바-ㅁ] 너희들에게, 당신(들)에게

3인칭 남성 단수 주격 он[오-ㄴ] 그는 → 3인칭 남성 단수 여격 ему̇[이무-] 그에게
3인칭 여성 단수 주격 она[아나-] 그녀는 → 3인칭 여성 단수 여격 ей[에이-이] 그녀에게

3인칭 중성 단수 주격 оно́[아노-] 그것은 → 3인칭 중성 단수 여격 ему́[이무-] 그것에게

3인칭 공통 복수 주격 они́[아니-] 그들이 → 3인칭 공통 복수 여격 им[이-ㅁ] 그들에게

1-1) 조동사 мо́жно[모-즈나]는 '-을 해도 된다, -을 해도 좋다, -을 할 수 있다, -이 가능하다'란 뜻을 지닌 술어다. 이 조동사를 사용해 '허락, 겸손한 요청, 가능, 필요 등'에 관한 표현을 할 수 있다.

Мне мо́жно включи́ть телеви́зор? [므니에- 모-즈나 프끌류취-찌 찔리비-자르]

제가 TV를 켜도 될까요?

이 문장 구조는 1인칭대명사의 주격 여격 Мне + 조동사 мо́жно + 본동사 включи́ть (켜다) + 목적어 телеви́зор이다.

이 문장을 1인칭대명사 단수 주격인 Я[야-]의 여격인 Мне[므녜-]를 사용하며, 보통 이 여격을 생략하고 다음과 같이 쓴다.

Мо́жно включи́ть телеви́зор? [모-즈나 프끌류취-찌 찔리비-자르]

TV를 켜도 될까요?

1-2) 조동사 нельзя́[닐리쟈-]는 '-을 해서는 안 된다, -을 할 수 없다, -이 불가능하다'란 뜻을 지닌 술어다. 이 술어의 반대말은 мо́жно[모-즈나]다. 이 조동사를 사용해 '금지, 불가능 등'에 관한 표현을 할 수 있다. 앞에서 예를 든 문장에 대한 답변을 다음과 같이 할 수 있다.

질문: Мне мо̇жно включи̇ть телеви̇зор?

[므니에- 모-즈나 프끌류취-찌 찔리비-자르]

제가 TV를 켜도 될까요?

대답: Нет, нельзя̇. [니에—트 닐리쟈-]

아니오, 안 됩니다.

1-3) 조동사 ну̇жно[누-즈나]는 '-을 할 필요가 있다, -하는 것이 필요하다, -이 요구된다 등'의 뜻을 지닌 술어다. 이 조동사를 사용해 '허락, 겸손한 요청, 가능, 필요 등'에 관한 표현을 할 수 있다. 참고로, '필요한, 요구되는'이란 뜻을 지닌 남성 단수 형용사 ну̇жный[누-즈느이]에서 어미 -ый를 떼어내고, 그 대신 o를 붙이면, ну̇жно[누-즈나]란 조동사가 만들어진다.

Мне ну̇жно пойти̇ в библиоте̇ку? [므녜- 누-즈나 빠이찌- 브비블리아쩨-꾸]

저는 도서관에 (걸어서) 가야 해요.

이 문장 구조는 1인칭대명사의 주격 여격 Мне + 조동사 ну̇жно + 본동사 пойти̇ (걸어가다) + 전치사 в + библиоте̇ку[비블리라찌에-꾸](여성 명사 단수 주격 библиоте̇ка[비블리라찌에-까](도서관)의 대격=목적격)이다.

이 문장을 1인칭대명사 단수 주격인 Я[야-]의 여격인 Мне[므니에-]를 사용하며, 보통 이 여격을 생략하고 다음과 같이 쓴다.

Ну̇жно пойти̇ в библиоте̇ку? [누-즈나 빠이찌- 브비블리아쩨-꾸]

도서관에 (걸어서) 가야 해요.

2) 조동사(до̇лжен[도-ㄹ젠], должна̇[달즈나-], должно̇[달즈노-], должны̇[달즈느이-])가 사용된 일반인칭문

조동사(до̇лжен[도-ㄹ젠], должна̇[달즈나-], должно̇[달즈노-], должны̇[달즈느이-])는 어떤 행위를 '-하여야 한다, -할 필요가 있다, -을 반드시 해야만 한다'란 뜻을 지닌 술어다. 이 조동사를 사용해 '의무 등'에 관한 표현을 할 수 있다.

이 경우,

(1) 문장의 주어인 1인칭대명사 단수 주격인 Я[야-]와 2인칭대명사 단수주격인 Ты[뜨이-]가 남성(화자)일 경우, 조동사 до̇лжен[도-ㄹ젠]을,

(2) 문장의 주어인 1인칭대명사 단수 주격인 Я[야-]와 2인칭대명사 단수주격인 Ты[뜨이-]가 여성(화자)일 경우, 조동사 должна̇,[달즈나-]를 쓴다.

참고로 '당연한, 당연히 해야 할, 의무의, 의무적인, 해야(만) 하는 등'의 뜻을 지닌 형용사의 어미가 긴 형태의 어미를 '장어미'라 한다.

남성 형용사 단수 장어미 형태는 до̇лжный[도-ㄹ즈느이이],

여성 형용사 단수 장어미 형태는 до̇лжная[도-ㄹ즈나야],

중성 형용사 단수 장어미 형태는 до̇лжное[도-ㄹ즈나예],

3성 공통의 형용사 복수 장어미 형태는 до̇лжные[도-ㄹ즈느이에]다.

이 장어미는 어떤 행위의 '항구적'인 의미가 있는 반면, 이 형용사의 어미가 짧은 형태, 즉 단어미는 '일시적'인 의미가 있다.

그리고 단어미는 주어가 남성이면 어미가 자음으로 끝나고, 여성이면 -a, 중성이면 -o, 복수이면 -ы로 끝난다. 즉,

Он до̇лжен э̇то сде̇лать. [오-ㄴ 도-ㄹ젠 에-따 즈지에-ㄹ라찌]

그는 이것을 해야만 한다.

Он до̀лжен э̀то не сдѐлать. [오-ㄴ 도-ㄹ쥅 에-따 네 즈지에-ㄹ라찌]

그는 이것을 해서는 안 된다.

Она̀ должна̀ э̀то сдѐлать. [아나- 달즈나- 에-따 즈지에-ㄹ라찌-]

그녀는 이것을 해야만 한다.

Оно̀ должно̀ э̀то сдѐлать. [아노- 달즈노- 에-따 즈지에-ㄹ라찌]

그것이 이것을 해야만 한다.

Они̇ должны̀ это сдѐлать. [아니- 달즈느이- 에-따 즈지에-ㄹ라찌]

그들은 이것을 해야만 한다.

다음과 같은 질문에 이 조동사를 써서 주어가 남성일 경우와 여성일 경우, 각각 다음과 같이 대답할 수 있다.

1) 대답하는 문장의 주어가 남성일 경우

질문: Вы сего̀дня свобо̀дны? [브이- 씨보-드냐 스바보-드느이]

당신 오늘 시간이 있으십니까?

대답: Извини̇те,(пожа̀луйста) я сего̀дня за̀нят. Я до̀лжен помо̀чь отцу̀.

[이즈비니-쩨 (빠좌-ㄹ쓰따) 야- 씨보-드냐 자-냐트 야- 도-ㄹ쥅 빠모취 아쭈-]

미안합니다. 오늘 저 바쁩니다. 저는 아버지를 도와드려야만 합니다.

2) 대답하는 문장의 주어가 여성일 경우

질문: Вы сего̇дня свобо̇дны? [브이- 씨보-드냐 스바보-드느이]

당신 오늘 시간이 있으십니까?

대답: Извини̇те,(пожа̇луйста) я сего̇дня занята̇. Я до̇лжна помо̇чь отцу̇.
[이즈비니-쩨 (빠좌-ㄹ쓰따) 야- 씨보-드냐 자니따- 야- 달즈나- 빠모취 아쭈-]
미안합니다. 오늘 저 바쁩니다. 저 아버지를 도와드려야만 합니다.

11. 형동사(능동형동사, 피동형동사)

◆ 능동형동사

1) 능동형동사 현재

만드는 법:

불완료상 동사 3인칭 복수 어미에서 –т를 떼어내고, 그 자리에 –щ를 붙인 후, 그 뒤에 형용사 어미(–ий, –ая, –ее, –ие)를 붙인다.

예

* писа́ть 쓰다(пи́шу–т) → пи́шу–щ–ий, –ая, –ее, –ие 쓰고 있는
* чита́ть 읽다(чита́ю–т) → чита́ю–щ–ий, –ая, –ее, –ие 읽고 있는
* учи́ть 가르치다(у́ча–т) → у́ча–щ–ий, –ая, –ее, –ие 가르치고 있는
* говори́ть 말하다(говоря́–т) → говоря́–щ–ий, –ая, –ее, –ие 말하고 있는

2) 능동형동사 과거

만드는 법:

(1) 불완료상 동사 과거 남성형이 접미사 –л로 끝날 경우, 바로 이 접미사–л을 떼어낸 후, 그 자리에 능동형동사 현재 접미사 –вш–를 붙인 후, 그 뒤에 형용사 어미(–ий, –ая, –ее, –ие)를 붙인다.

예

* писа́ть 쓰다(писа́-л) → писа́-вш-ий, -ая, -ее, -ие 쓰고 있(었)던

* чита́ть 읽다(чита́-л) → чита́-вш-ий, -ая, -ее, -ие 읽고 있(었)던

* учи́ть 가르치다(учи́-л) → учи́-вш-ий, -ая, -ее, -ие 가르치고 있(었)던

* говори́ть 말하다(говори́-л)→ говори́-вш-ий, -ая, -ее, -ие 말하고 있는

* занима́ться 공부하다(занима́-лся)→ занима́-вш-ийся, -аяся, -ееся, -иеся 공부하고 있는

만드는 법:

(2) 불완료상 동사 과거 남성형이 접미사 -л로 끝나지 않을 경우, 그 남성형과거에 능동형동사 현재 접미사 -ш-를 붙인 후, 그 뒤에 형용사 어미(-ий, -ая, -ее, -ие)를 붙인다.

예

* нести́ 가지고 가다(нёс) → нёс-ш-ий, -ая, -ее, -ие 가지고 갔(었)던

* привы́кнуть 익숙해지다(привы́к) → привы́к-ш-ий, -ая, -ее, -ие 익숙해지고 있(었)던

◆ 피동형동사

1) 피동형동사 현재

만드는 법:

불완료상 타동사의 현재 어간에 피동형동사 현재 접미사 -ем-(제1식 변화)나, -им-(제2식 변화)을 붙인 후, 그 뒤에 형용사 어미(-ый, -ая, -ое, -ые)를 붙인다. (이 접미사는 불완료상 타동사의 1인칭 복수 현재 어미와 형태가 같다.)

예

* читáть 읽다(читáем) → читáем-ый, -ая, -ое, -ые 읽히고 있는
* учи́ть 가르치다(у́чим) → у́чим-ый, -ая, -ое, -ые 가르침을 받는
* говори́ть 말하다(говори́м) → говори́м-ый, -ая, -ое, -ые 말해지고 있는

2) 피동형동사 과거

만드는 법 (1):

완료상 동사 과거 남성형이 접미사 -л로 끝나고, 그 앞에 и이외의 모음이 있을 경우, 바로 이 접미사 -л을 떼어낸 후, 그 자리에 피동형동사 과거 접미사 -нн-이나 또는 -т-를 붙인 후, 그 뒤에 형용사 어미(-ый, -ая, -ое, -ые)를 붙인다.

예

* написáть 다 쓰다(написá-л) → напи́са-нн-ый, -ая, -ое, -ые 다 써진
* прочитáть 다 읽다(прочитá-л) → прочи́та-нн-ый, -ая, -ое, -ые 다 읽힌

만드는 법 (2):

완료상 동사 과거 남성형이 모음 и 뒤에 접미사 -л을 가진 완료상 동사나, 또는 접미사 -л을 갖지 않은 완료상 동사는 바로 이 접미사 -л을 떼어낸 후, 그 자리에 피동형동사 과거 접미사 -енн-이나 또는 -ённ-을 붙인 후, 그 뒤에 형용사 어미(-ый, -ая, -ое, -ые)를 붙인다.

예

* вы́учить 배우다(вы́учи-л) → вы́уч-енн-ый, -ая, -ое, -ые 배워진
* принести́ 가지고 오다(принёс) → принес-ённ-ый, -ая, -ое, -ые 가져와진

아래와 같이 가끔 어근에서 자음이 교체되는 경우가 있다.

* освётить 비추다(освёти–л) → освещ–ённ–ый, –ая, –ое, –ые 비추어진

* бро̇сить 버리다(бро̇си–л) → бро̇ш–енн–ый, –ая, –ое, –ые 버려진

* купи̇ть 매입하다(купи̇–л) → ку̇пл–енн–ый, –ая, –ое, –ые 매입된

12. 부동사(부동사 현재, 부동사 과거)

◆ 부동사 현재(=불완료 부동사)

만드는 법:

불완료상 동사 현재 시제 어간(=3인칭 복수 어간)에다 부동사 현재 접미사 –я(ж, ч, ш, щ 뒤에서는 –а)를 덧붙인다.

예

* говори́ть 말하다(говор–я́т) → говор–я́ 말하면서

* чита́ть 읽다(чита́–ют) → чита́–я 읽으면서

* у́чить 가르치다(у́ч–ат) → у́ч–а 가르치면서

* писа́ть 쓰다(пи́ш–ут) → пи́ш–а 쓰면서

◆ 부동사 과거(=완료 부동사)

만드는 법 (1):

완료상 동사의 과거어간의 접미사 –л을 떼어낸 후, 그 자리에 부동사 과거접미사 –в나, –вши(구어에서 사용)를 덧붙여 만든다.

예

* прочитáть 다 읽다(прочитá-л) → прочитá-в 다 읽은 후에, 다 읽고 나서

* вы́учить 다 배우다(вы́учи-л) → вы́учи-в 다 배운 후에, 다 배우고 나서

* скзáть 말하다(сказá-л) → сказá-в 말을 한 후에, 말을 하고 나서

* положи́ть 놓다(положи́-л) → положи́-в(ши) 놓고 난 후에, 놓고 나서

* услы́шать 듣다(услы́ша-л) → услы́ша-в(ши) 듣고 난 후에, 듣고 나서

아래와 같이 어떤 완료상 부동사는 가끔 미래어간(=완료상 동사 3인칭 복수 어간)에 부동사 과거 접미사 -а나 -я를 덧붙여서 만든다. 부동사 현재와 형태가 유사하므로 해석에 주의를 요함!!

* уви́деть 보다(уви́де-л) → уви́дя 보고 난 후에, 보고 나서

→ уви́де-в(ши) 보고 난 후에, 보고 나서

* вы́йти 나가다(вы́ше-л) → вы́йдя 나가고 난 후에, 나가고 나서

→ вышéдши 나가고 난 후에, 나가고 나서

만드는 법 (2):

완료상 동사의 과거어간에 접미사 -л이 없을 경우는 어간에다 부동사 과거접미사 -ши를 덧붙여 만든다. 재귀동사의 경우는 부동사 과거 접미사 -вши- 뒤에 조사 -сь를 덧붙인다.

예

* принести́ 가지고 오다(принёс) → принёс-ши 가지고 온 후에, 가지고 와서

* верну́ться (되)돌아가다(верну́-лся) → верну́-вшись (되)돌아간 후에

13. 전치사

1) 생격 지배 전치사

(1) без(о) : -없이

예

* без сомнѐния, 의심의 여지 없이,

* без исключѐния, 예외 없이

(2) вмѐсто : -대신에

예

* Он пошёл вмѐсто неё. 그는 그녀 대신(그녀를 대신해서) 갔다.

(3) вне : -밖에(서), 바깥쪽에, -을 초월하여

예

* вне дȯма 집 밖에(서),

* вне врѐмени и простра̇нства 시공을 초월해서

(4) вокрӯг : -주위에. 주위를

예

* Землѧ̇ вѐртится вокрӯг сȯлнца. 지구는 태양의 주위를 돌고 있다.

(5) для : -을 위하여, -을 위한. -용

예

* для меня́ 나를 위해,

* буты́лка для молока́ 우유병

(6) до : -까지(시간과 공간의 한계), (-할 정도)까지

예

* до сих по́р, 지금까지(오늘까지)

* до свида́ния 다시 만날 때까지. 안녕,

* от Москвы́ до Петербу́рга 모스크바에서 페테르부르크까지

* Мне тяжело́ до сме́рти. 나는 죽을 정도로 힘들다(괴롭다)

(7) из(изо́) : -안으로부터, -에서, -을 (내부로부터의 이동), -에서 온 사람(출신), -중에(구성 요소), -(으)로 구성된, -로 만든(재료), - 때문에(원인)

예

* вы́йти и́з дому 집에서 나가다, 집을 나가다(외출하다)

* Она́ из Москвы́. 그녀는 모스크바에서 온 사람이다(출신이다)

* мла́дший из бра́тьев 형제 중 막내(동생)

* гру́ппа из не́скольких челове́к 몇 명으로 구성된 그룹

* дом из брёвен 통나무로 만든 집 → 통나무집

* из ничего́ не бу́дет ничего́ 무(無) 때문에 유(有)가 생기지 않는다
→ 무(無)에서 유(有)는 생기지 않는 법이다

(8) из-за̇ : -의 뒤로부터, -뒤에서, -에서(장소), -을 위해, -때문에(원인, 이유)

예

* смотре̇ть из-за̇ две̇ри 문 뒤에서 보다
* из-за̇ вас 당신을 위해, 당신 때문에

(9) кро̇ме : -이외에, 외에, -를 제외하고

예

* кро̇ме того̇ 그 외에
* кро̇ме меня̇ 나를 제외하고

(10) о̇коло : -주위에(장소), 약, 대략, -경(수, 시간)

예

* собра̇ться о̇коло профе̇ссора 교수 주위에 모이다
* о̇коло двух часо̇в 1) 약 두 시간, 2) 두 시경에

(11) от(ото̇) : -로부터, -에서(공간), -에게서 온(송신자), -부터(시간), -자 (편지)

예

* от Москвы̇ до Петербу̇рга 모스크바에서 페테르부르크까지
* письмо̇ от отца̇ 아버지에게서 온 편지
* рабо̇тать от девяти̇ до пяти̇ 10시부터 5시까지 일하다
* письмо̇ от пе̇рвого ма̇я 5월 1일자 편지

12) с(со) : -에서, -을, -부터(사물의 표면이나 동작의 공간적 기점으로부터 이탈, 대격 지배 전치사 на와 대응하는 전치사임), -에서 온(편지), -(쪽)에서(방향), -부터(시간), -에서, -을(통역이나 번역된 언어), -(해)서(기인, 동기)

예

* взять книгу со стола̇ 테이블에서 책을 집다
* убра̇ть со стола̇ 테이블 (표면)을 치우다
* письмо̇ с ро̇дины 고향에서 온 편지
* спусти̇ться с горы̇ 산에서 내려오다
* с 2001 го̇да по 2010 год 2001년부터 2010년까지
* перевести̇ с ру̇сского языка̇ на коре̇йский 러시아어를(에서) 한국어로 통역 (번역)하다. 옮기다
* с ра̇дости 기뻐서(기쁜 나머지)

(13) среди̇ :한가운데, 중간에, -중에(공간이나 시간), -중에, 사이에(사람들 가운데)

예

* среди̇ у̇лицы 길 한가운데서(한복판에서)
* среди̇ но̇чи 한밤중에
* среди̇ ру̇сских писа̇телей 러시아 작가들 가운데

(14) у :-가까이에, -가에, -옆에. 곁에, -(의) 집에(서), -을 가지고(소유하고) 있다, -에게서(빌리다, 묻다, 알다, 뺐다)

예

* она̇ сиде̇ла у окна̇ 그녀는 창 가까이에 앉아 있었다
* она̇ живёт у ма̇тери 그녀는 어머니의 집에서 살고 있다
* она̇ была̇ у него̇ 그녀는 그의 집에 있었다(갔었다)

* у меня̇ к вам вопро̇с 나에게는 당신에게 할 질문이 있다
* заня̇ть у кого̇ де̇нег 누구에게(서) 돈을 빌리다
* тре̇бовать чего̇ у кого̇ 누구에게(서) 무엇을 요구하다
* спроси̇ть о чём у кого̇ 누구에게(서) 무엇을(무엇에 대해서) 묻다

2) 여격 지배 전치사

(1) к(ко) : -쪽으로, -쪽을 향해, -를 향해, -에게로 (방향), -까지, -경. - 무렵. -쯤 (시간), -을 위하여 (목적), -에 딸린(소속), -에 (어울리다), -에 (더하다)

예

* к восто̇ку 동쪽으로, прислоня̇ться к стене̇ 벽에 기대다
* к за̇втрашнему дню 내일까지, приду̇ к трём часа̇м 3시까지 올게
* к ве̇черу 저녁쯤에
* пригото̇виться к экза̇мену 시험(을 위해) 준비를 하다
* принадлежа̇ть к числу̇ чего̇ –의 수에 들어가다
* к трём приба̇вить семь 3에 7을 더하다

(2) по : -를 따라서, -(의 위)를 (거리나 나라 등 표면 위의 이동, 신체의 일부), -에 의하여(-로), -에 따라서, - 때문에, -(해)서 (이유), -에 관한(교과목이나 분야 등), -로(수단, 방법), -마다, -씩

예

* идти̇ по у̇лице 거리를 (따라) 가다(걷다),
* путеше̇ствовать по Росси̇и 러시아를 여행하다
* гуля̇ть по̇ полю 들을 산책하다
* уда̇рить по голове̇ 머리를 때리다

* узна̇ть по го̇лосу 목소리에 의해 알다
* по зако̇ну 법에 따라서
* по болѐзни она̇ не пришла̇ 병 때문에(아파서) 그녀가 안 왔다
* исслѐдование по фи̇зике 물리학(의) 연구
* специали̇ст по нѐфти 석유(의) 전문가
* посла̇ть по по̇чте 우편으로 보내다 (우송하다)
* по суббо̇там 토요일마다

3) 대격 지배 전치사

(1) в(во) : -(으)로, -에(공간의 내부로의 이동), -에(시간이나 요일 등), (길이, 층 등), -째로(순서), -를(운동이나 악기 이름 등에 붙여서)

예

* идти̇ в парк 공원에 가다
* ѐхать во Фра̇нцию 프랑스에 가다
* в ца̇рствование Петра̇ I 표트르(뾰뜨르) 1세(의) 치세에
* в суббо̇ту 토요일에
* длино̇й(=длино̇ю) в три мѐтра 길이가 3m, cf. длина̇ 길이, 키, 높이, 세로
* дом в три этажа̇ 3층 집

  в пѐрвый раз 첫 번째로
* игра̇ть в футбо̇л 축구하다

(2) за : -가로질러, 너머로(건너편, 밖, 뒤쪽, 경계 밖으로의 이동 등), -(얼마)에, -(얼마를) 주고(구매와 교환의 가치), -전에, (지지나 옹호의 대상)

예

* за ре́ку 강을 가로질러 (건너로)
* вы́бросить за окно́ 창밖으로 던지다
* е́хать за грани́цу 외국으로 가다, 해외에 나가다
  (직역: 국경(грани́ца)을 넘어가다)
* он купи́л э́то за три рубля́ 그는 이것을 3루블에 샀다
* за неде́лю до моего́ прие́зда 내가 도착하기 1주일 전에
* борьба́ за мир 평화(를 위한) 투쟁

(3) на : -위에(표면을 향한 운동 등), -(으)로, -에(이동의 방향)

예

* положи́ть кни́гу на стол 책을 테이블 위에 놓다
* вы́йти на у́лицу 거리로 나가다
* е́хать на о́стров Сахали́н 사할린섬에 가다
* е́хать на Кавка́з 캅카스(코카서스)에 가다
* идти́ на вы́ставку(войну́, ры́нок, конце́рт) 전시회(전쟁, 시장, 음악회)에 가다

(4) по : -까지(시간), 속어 -때문에

예

* с 2001 го́да по 2010 год 2001년부터 2010년까지

(5) под : -밑으로, 아래로, 밑에(아래를 향한 행위 등), -무렵에, 직전에(시간, 장소, 상태에 있어서 '근사, 부근')

예

* Ко̇шка убежа̇ла под пе̇чку 고양이가 벽난로 밑으로 도망갔다

* пове̇сить ла̇мпу под потоло̇к 램프를 천정 밑에 달다

* под ве̇чер 저녁 무렵에

* ей лет под со̇рок 그녀는 마흔 살 정도 먹었다(그녀는 40세에 가깝다)

* наде̇ть дже̇мпер под пиджа̇к 양복 밑에(안에) 재킷(=모직 조끼, 점퍼)을 입다

(6) про : -에 대해서(=о). -에 관해서

예

* про вас говоря̇т ду̇рно 당신에 대해서 좋지 않게 말한다

7) че̇рез : -지나서. -후에(시간), -를 넘어, 지나서, 거쳐서, 통과하여, 가로질러

예

* че̇рез год 1년 후에

* че̇рез ре̇ку 강을 건너서(가로질러)

* че̇рез стро̇чку 1칸(줄, 행) 간격으로

4) 조격 지배 전치사

(1) за : - 뒤에, -외에(반대편, 뒷면 등 '감추어진 면이나 장소, 경계의 밖'을 표현), -하는 동안(시간), 부르러, 가지러, 사러(구하러), -하러(목적)

예

* кровȧть стоӥт за столȯм 침대가 테이블 뒤에 있다
* имėть за пȧзухой 가슴 속에(품 속에) 넣고 있다
* Он ещё живёт за границей 그는 아직도 외국에 살고 있다.
* зȧ морем 해외에(바다 건너서)
* Онȧ сидėла за рабȯтой 그녀는 일하는 중(작업 중)이었다.
* Онȧ пошлȧ за врачом 그녀는 의사를 부르러 갔다.
* Онȧ побежȧла за книӥгой 그녀는 책을 가지러 뛰어갔다.
* идтӥ за билėтом 표를 사러(구하러) 가다

(2) мėжду : (양자) 사이에. 중간에, -간에, (몇 사람) 사이에, 중에

예

* мėжду учӥтелем и ученикȯм небольшȧя рȧзница в вȯзрасте
  스승과 제자 사이에는 큰 나이 차이가 없다,
* мėжду окнȯм и стенȯй 창문과 벽 사이에
* разделӥть пȯровну мėжду всемӥ учȧстниками
  참가자들 전원에게 골고루 분배하다

(3) над(нȧдо) : -위에(서)(표면이나 지면 등의 '위쪽으로'의 위치)

예

* над головȯй 머리 위에
* лȧмпа висӥт над столȯм 램프가 테이블 위에 걸려 있다

(4) пѐред(пѐредо) : -앞에. -전에(시간과 공간의 앞에)

예

* стань пѐредо мной 내 앞에 서라

* пѐред праздником 축제일 전에

(5) под(подо̀) : -밑에, 아래에, 가까이에

예

* под крышей 지붕 밑에서

* под нѐбом 하늘 아래에서

* жить под го̀родом 도시 근교에 (도시 가까이에서) 살다

(6) с(со) : -와 함께. -와 같이(동반)

예

* мы с ним 내가 그와 함께(=я и он),

* ма̀льчик с дѐвочкой 소년이 소녀와 함께

5) 전치격 지배 전치사

(1) в(во) : -안에(내부의 위치), -에(시간, 시절)

예

* жить в го̀роде 도시에 살다

* в 2008-о̀м году̀ 2008년에

* в ма̀е 5월에

* в мо̀лодости 젊은 시절에(젊었을 때)

(2) на : -위에(표면의 위치), -에(방향), -에('역'이나 장소 등),

예

* стоя̇ть на столе̇ 테이블 위에 (서)있다
* стоя̇ть на у̇лице 거리에 서다
* писа̇ть на бума̇ге 종이(위)에 쓰다
* на се̇вере 북쪽에
* на вокза̇ле 역에(서)

(3) о(об, обо) : -에 대해서, -에 관하여, 어떤 사물의 구성 요소의 수

예

* обо мне 나에 대해서
* стол о трёх но̇жках 세 다리(가 달린) 테이블
* дом о четырёх этажа̇х 4층 집
* о седо̇й бороде̇ 흰 턱수염이 난, 턱수염이 희끗희끗한

(4) при : -에 (부속된), -부속(의), -가까이에, 곁에, 근처에, 근방에, 부근에, -때, -시 (사건 발생의 시간이나 경우), -시대에, -치세에(시대)

예

* при вхо̇де стои̇т часово̇й 입구에 보초가 서 있다
* при мне 나의 면전에서, 내가 있는 곳에서, 내 앞에서
* при шко̇ле есть це̇рковь 학교에 (부속된) 교회가 있다
* кли̇ника при медици̇нском институ̇те 의과대학 부속병원
* Это бы̇ло при вас? 이것은 당신이 있을 때 있었던 것인가요?
* при жи̇зни 생존 시에, 살고 있을 때
* при коммуни̇зме 공산주의 시대에
* при Петре̇ Пе̇рвом(=Вели̇ком) 표트르 1세(=대제) 치세에

이영범

한국외국어대학교 노어과 학사 및 석사
모스크바국립대학교 문학박사(러시아문학 전공)
전) 청주대학교 러시아어문학과 교수
한국노어노문학회 회장 역임
현) 청주대학교 교양학부 교수(생활 러시아어, 러시아 문화와 예술, 러시아 문화 산책, 인간의 가치, 성의 사회학, 다문화주의와 글로컬리즘 등 강의)

저서 『애니메이션 러시아어』, 『파워중급러시아어』, 『러시아어 말하기와 듣기』(공저), 『러시아 문화와 예술』(공저), 『한-러 전환기 소설의 근대적 초상』(공저), 『쉽게 익히는 러시아어』(공저), 『러시아 문화와 생활 러시아어』, 『러시아 문학과 사상』, 『시와 노래로 배우는 러시아어』 외 다수.
역서 『러시아 제국의 한인들』(공역), 『대위의 딸』, 『인생론』, 『참회록』, 『크로이처 소나타』, 『체호프 유머 단편집』 외 다수.
논문 「뿌쉬낀의 '대위의 딸'의 시공간 구조와 슈제트의 연구」, 「고골의 중편 '따라스 불리바'에 나타난 작가의 관점 연구」, 「푸슈킨의 '보리스 고두노프'에 나타난 행위의 통일성」, 「뿌쉬낀의 '스페이드 여왕'의 제사(題詞)연구」, 「'폴리포니야'의 개념과 도스토옙스키의 장편 '죄와 벌'의 대화 구조」, 「도스토옙스키의 장편 '죄와 벌'의 큰 대화와 슈제트 대화」, 「톨스토이의 '안나 카레니나'에 나타난 사고의 문제」 외 다수.

시와 노래로 배우는 러시아어

2023년 2월 28일 초판 1쇄 펴냄

지은이 이영범
펴낸이 김흥국
펴낸곳 보고사

등록 1990년 12월 13일 제6-0429호
주소 경기도 파주시 회동길 337-15 보고사
전화 031) 955-9797(代)
02) 922-5120~1(편집), 02) 922-2246(영업)
팩스 02) 922-6990
메일 kanapub3@naver.com
http://www.bogosabooks.co.kr

ISBN 979-11-6587-443-8 93790

정가 12,000원